AF545581

Bodo Hell · Walter Seitter · Elsbeth Wallnöfer
Fotos von Peter M. Kubelka

UNTERSBERG

GESCHICHTEN · GRENZGÄNGE · GANGSTEIGE

VERLAG ANTON PUSTET

Bodo Hell · Walter Seitter · Elsbeth Wallnöfer
Fotos von Peter M. Kubelka

UNTERSBERG

GESCHICHTEN · GRENZGÄNGE · GANGSTEIGE

Impressum

Bibliografische Information der Deutschen Nationalbibliothek
Die Deutsche Nationalbibliothek verzeichnet diese Publikation in der Deutschen Nationalbibliografie; detaillierte bibliografische Daten sind im Internet über http://dnb.d-nb.de abrufbar.

2. Auflage 2014
5020 Salzburg, Bergstraße 12

Grafik, Satz und Produktion: Tanja Kühnel
Lektorat: Martina Schneider
Druck: Druckerei Theiss, St. Stefan im Lavanttal
Gedruckt in Österreich

ISBN 978-3-7025-0669-8

www.pustet.at

Bildnachweis

Fotos: Peter Kubelka, Autorenbild Bodo Hell: Andrea Nießner, Foto S. 40: Herbert Müller (Wals)

Inhalt

Walter Seitter

Geschichte

Bodo Hell

Gangsteige

Elsbeth Wallnöfer

Miniaturen

Geschichte
Walter Seitter

Zur Geschichte des Untersbergs

Aufgehendes Mauerwerk: oberirdisch sichtbarer Teil eines Bauwerks

Untarnsperig | Unternsperch | Untornsperch | Koch Sternfeld, der bairische Legationsrat und Ritter, soll die Urkunde vom Jahr 1306 gekannt haben, in der vom Untornsperch die Rede war. Aus seiner Geschichte des *Fürstenthums Berchtesgaden und seiner Salzwerke: in drey Bänden. Salzburg 1815*, ginge dies hervor. Die spätere Forschung hätte diese älteste Quelle nicht wirklich ernsthaft mit einbezogen, beklagt ein gewisser W.E. in den *Mitteilungen der Gesellschaft für Salzburger Landeskunde* des Vereinsjahres 1922.

Angesichts seines hohen Alters, auch seiner ausgedehnten Masse, ließe sich die Geschichte des Untersbergs nur in einem umfangreichen Schriftwerk darstellen. Hier wird versucht, diese Historiografie zu komprimieren, indem nur einige Aspekte hervorgehoben und fast telegrammstilartig zusammengeschrieben werden. Die leitende Hinsicht dieser Darstellung ergibt sich aus der Tatsache, dass ihr Verfasser dem Gegenstand der Darstellung seit Langem nachbarschaftlich verbunden, von ihm aber auch auf Distanz gehalten worden ist. Außerdem tritt sie – wie man schon an dem Buch hier sieht – in eine große Schar von Schriften ein, die sich ebenfalls an den Untersberg herangemacht haben.[1]

Was ist ein Berg?

Ein stabiles und fest umrissenes physisches Phänomen, das sich von seiner Umgebung deutlich absetzt, räumlich und zeitlich bestimmbar ist, kann als „Individuum" bezeichnet werden – egal ob es unter die Gattung „Himmelskörper", „Lebewesen" oder „Bauwerk" fällt. Wenn es außerdem durch die Verleihung eines Eigennamens kulturell individualisiert worden ist, kann es mit vollem Recht als „Individuum" gelten. Dabei fällt auf, dass der Name „Untersberg" auch die begriffliche Bezeichnung für die Art oder Spezies mitliefert, der das Individuum „Untersberg" zugehört – nämlich „Berg". Eine Definition des Berges lautet: „(natürliche) größere (eingipfelige) Erhebung der Erdoberfläche".[2]

Diese Bestimmung verweist – ungefähr – auf die Geometrie der Berge, aber auch auf ihr Material. Dieses ist dasselbe, aus dem die Kontinente, die Erdteile insgesamt bestehen: also „Erde" beziehungsweise deren härtere Version: Gestein.[3] Es gibt sogar eine zweite, gleichfalls sehr alte Bedeutung von „Berg", die sich gar nicht auf die ästhetische Außenerscheinung von konvexen Erhöhungen bezieht, sondern „nur" auf das Material, welches das Volumen der Berge und aller Räume unter der Erdoberfläche anfüllt und im Großen und Ganzen unsichtbar bleibt. Von dieser Bedeutung leiten sich die Wörter ab, die eine bestimmte ökonomische Nutzung von Bergen (aber auch von anderen unterirdischen Materialmassen) bezeichnen: Bergbau, Bergwerk, Bergarbeiter und Ähnliches. Bergwerke graben künstliche Hohlräume in unterirdische Massen hinein.

Zum Individuum und zur Artbestimmung tritt als dritte logische Kategorie das Kollektiv: in unserem Fall das „Gebirge" als räumlich bestimmte und räumlich zusammenhängende Gruppierung von mehreren Bergen oder „ausgedehnte, mehrere od. viele zusammenhängende Berge umfassende Erhebung der Erdoberfläche".[4]

Laut üblicher Auskunft ist der Untersberg der nördlichste Ausläufer der „Berchtesgadener Alpen".[5] Diese sind eher eine lockere Gruppe mehrerer annähernd gleich hoher Berge, die sich ihrerseits in die viele hundert Kilometer lange Kette der „Nördlichen Kalkalpen" einfügen: Diese Kette bildet den Nordrand der Alpen vom Bodensee fast bis zum Neusiedler See (die Alpen sind ein großformatiges „Gebirge"). Seine nordalpine Lage ist denn auch die Bedingung für die „einzigartige" Geländesituation des Untersbergs: ob er nun wirklich der allernördlichste Berg der Alpen ist oder nicht – jedenfalls stößt er als einziger mit beträchtlicher Höhe in eine relativ tiefe Ebene hinein, welche aus den beiden Talsohlen von Saalach und Salzach gebildet wird. Alle anderen Gipfel der Nördlichen Kalkalpen sind von Vorbergen umgeben, die über das „Alpenvorland" in Täler oder Ebenen übergehen. Der Untersberg hingegen ragt mit seinem nördlichen Teil direkt über der Saalach-Salzach-Ebene (ca. 450 Meter über dem Meer) auf und das gibt ihm ein besonders eindrucksvolles Aussehen –hinzukommt außerdem, dass er auf dieser Ebene auch noch in die Nachbarschaft einer ansehnlichen Stadt, Salzburg, gerät. Wenn seine Geländesituation in Richtung Norden morphologisch einzig ist, so gilt das gar nicht für die anderen Richtungen: da ist der Untersberg von engen Tälern, von niedrigeren Vorbergen oder von ebenfalls imposanten Kalkbergen umgeben.

Salzburg 1920 | Der Untersberg im Wert von 30 Heller | auf dem Grödiger Notgeld | Der Berg auf blutrotem Hintergrund | Untertitel: Die Raben vom Untersberg. In Wirklichkeit ein Gutschein im Wert von 30 Heller und kein Geld, obwohl „Notgeld" getauft – stilistisch am Jugendstil angelehnt. Der Berg umrahmt von zwei vermutlich unteren Ausläufern von Fichten. Doppelt soviel im Nominalwert ist der Auszug des Heeres mit Kaiser Karl. 60 Heller für den Kaiser und sein Bannheer!

Seine Außengestalt, sein „Aufgehen" vom Süden aus: Bei Berchtesgaden erhebt sich ein bewaldeter Höhenzug, der Rauhenkopf (ungefähr 1600 Meter hoch), der sich nach Norden zieht; nach einigen Kilometern steilen felsigen Anstiegs auf fast 2000 Meter (Berchtesgadener Hochthron): Dieser Grat mit steilem Abfall auf der Ostseite zieht sich etwa 8 Kilometer in Richtung Nord-Nordost und endet in den Gipfeln Salzburger Hochthron und Geiereck. Nach Nordwesten breitet sich von diesem Grat ein Plateau aus, das nach Südwesten und Nordwesten nicht ganz so steil abfällt.

Das relativ komplexe Massiv bietet dem Beschauer zu Füßen des Berges oder aber aus weiteren Entfernungen naturgemäß vielerlei Ansichten. Aufgrund meiner eigenen Biografie sind mir zwei dieser Ansichten sehr vertraut: die sich dem Osten oder Südosten, also etwa dem Salzburger Tennengau, darbietende Ansicht, die links den weniger hohen Zug und dann nach rechts die steil aufragende, oben horizontal beschnittene Felsenwand zeigt, die nach rechts schräg abfällt. Die zweite Langseite zeigt sich in nordwestlicher Richtung zum (ehemals salzburgischen) Rupertiwinkel hin: ein langgestrecktes Trapez, das links sehr felsig aufsteigt, rechts sanfter und bewaldet abfällt – ein hingestreckter Löwe. Die beiden imposanten Schmalseiten wenden sich im Süden Berchtesgaden, im Norden Hellbrunn und Aigen zu.

Die „Biografie" des Untersbergs hat sich aus seinen „Materialien" erschließen

lassen: Ablagerungen eines Urmeeres, das vor ungefähr 200 Millionen Jahren das heute sogenannte Mitteleuropa bedeckte, Ablagerungen massenhafter Miniaturarchitekturen von Meerestieren.[6] Damit aus diesen Ablagerungen Erhebungen werden konnten, müssen jedoch ganz andere Kräfte wirksam geworden sein: Die letzten Endes vom vulkanischen Zentrum der Erde angetriebene Bewegung der kontinentalen Krustenplatten führt in dieser Gegend zu einem afrikanischen Plattendruck gegen die europäische Platte.[7] Die Folge ist, dass das Untere, das Unterirdische emporgehoben, emporgewölbt wird. Es wirft sich aus der Unscheinbarkeit des Unten zu einem Gegenüber auf, zu einem Gegenstand, dessen man ansichtig werden kann. Ein Berg ist ein Stück „Unterwelt" – aufgeworfen, aufgefaltet, emporgewölbt. Die seitlichen Hänge begrenzen ihn und verleihen ihm seine individuelle Platzierung und Gestalt. Dieser Begriff von „Berg" –„Aufgehende Unterwelt" – betont eher die Kontinuität des Berges mit Landschaft und Erde überhaupt, und ihm steht folglich auch das erwähnte „bergmännische" Verständnis von „Berg" relativ nahe. In diesem Verständnis gibt es unter jedem Erdboden so etwas wie „Berg". Die sogenannten Berge sind bloß besondere, von Natur aus gut individuierte, also „herausragende" oder „prominente" Exemplare.

Für das Ohr des Laien steckt im Namen „Untersberg" die Ortsangabe „unter" oder

---

HöhlenGänge | Kolowratshöhle, Gamslöcher, die Loiderhöhle, die Steinerne Kaser und die Kaiser-Karl-Höhle sind bekannte Untersberger Höhlen. Kolowratshöhle und Gamslöcher gelten als leicht zugänglich.

Höhlengeschichten | *Irgendeiner des erlauchten namens Kolowrat also muß diese höhle entdeckt und eingehend gemustert haben*, schrieb einst H.C. Artmann, der große österreichische Dichter, in einem Text über das Drachenloch. Die Kolowratshöhle soll bei ihrer Entdeckung im Jahr 1844 zunächst „Nebelhöhle" genannt worden sein, da *an ihr zuerst jene Nebelwölkchen sich bildeten, welche in alten Zeiten die Volksphantasie als Wäsche der seligen Fräulein oder dergleichen ansah, schrieb Dillinger's Illustrirte Reise-Zeitung.* Allerdings entschloss man sich dann später, die Höhle nach dem Minister und Grafen Kolowrat zu benennen.

„unten" und das heißt, dass dieser Berg sagt (vielleicht sogar weiß), dass er Unterwelt aufstellt und sichtbar macht. Die aus der Norddeutschen Tiefebene kommende Ida Gräfin von Hahn-Hahn bemerkte 1840: „… aus dieser grünen lachenden Wiese steigt urplötzlich der Untersberg mit seinen Marmorbrüchen wie ein Riesengrab empor."[8]

Tatsächlich lagern sich in jeder unterirdischen Zone – ob unterm Gebirge, unterm Flachland oder unterm Meeresboden – Überreste von früheren Meeren, Gebirgen, Pflanzen, Tieren, Menschen, Bauwerken ab. Insofern besteht jedweder Untergrund aus „Gräbern" im präzisen und im generellen Sinn. Was die Berge auszeichnet, ist bloß dieses, dass sie diesen sepulkralen Untergrund hochkanten. Berge sind nicht bloß Gräber, sondern Grabmäler: vertikalisierte, sichtbare, steinern gehärtete Totenmonumente: natürliche Architektur, die auf der Erde Markierungen vornimmt, sichtbare Zeichen setzt, die Massen von Unsichtbarem bergen. Berge sind Riesenzeichen, Megagramme, die ganz direkt epigrafisch „Geografie" machen – und zwar halb anadeiktisch, das heißt aufzeigend, halb kryptografisch, das heißt geheimhaltend.

Der Untersberg enthält in seinem unsichtbaren Inneren dreierlei sagen wir „Realien": festes Material, „Höhlen" genannte Löcher aus Luft und Finsternis, manchmal auch Eis und sicherlich auch irgendwelche „Einwohner", wobei man vor allem an Tiere denken wird. Die Höhlen des Untersbergs sind sehr geräumig, neuere Forschungen zeigen, dass sie allesamt ein einziges Hohlraumsystem bilden, das nur durch relativ schmale Blockverstürze in mehrere Abschnitte aufgeteilt ist: also tatsächlich eine Art „Palastarchitektur" auch im Inneren.[9]

In die Menschengeschichte dürfte der – lange Zeit natürlich namenlose – Untersberg eingetreten sein, als diese Gegend überhaupt zum ersten Mal menschlich besiedelt worden ist. Die ältesten Funde stammen aus dem Ende der Jungsteinzeit vor etwa 4000 Jahren. Innerhalb der Menschengeschichte unterscheiden die heutigen Kulturwissenschaften – recht einfach – zwei große Epochen für das Verhältnis der Menschen zu den Bergen. Jedenfalls für die Alpen behaupten sie, dass bis ins 18. Jahrhundert nach Christus die Berge für die Menschen eine Zone der Angst und des Schreckens bildeten, weil natürliche Gefahren, geringe Fruchtbarkeit und Unwegsamkeit das Leben und die Wohlfahrt beeinträchtigten; bis dann vor gut 200 Jahren die „Entdeckung der Alpen" einsetzte und solche Praktiken wie den „Alpinismus" zuerst elitär und dann massenhaft durchsetzte.[10] Dass das touristische Besteigen und neuerdings auch Befahren von Bergen ein relativ rezentes

Phänomen ist, wird nicht zu bestreiten sein. Aber in den riesigen Zeiträumen vor unserer Moderne haben sich Menschen sehr wohl auf Berge, in Gebirge, ja in Hochgebirge, begeben und sich da aufgehalten. In vielen Weltgegenden wurden Städte auf Berghöhen angelegt und bewohnt. Speziell in den Ostalpen bildeten die Berge seit Langem Lebens-, Arbeits- und Wirtschaftsräume: Neben der Landwirtschaft und dem Netz der Transportwege war es vor allem der Bergbau, der in diesem Gebiet ein handwerklich-manufakturartiges, quasi-industrielles Wirtschaftsleben in Gang hielt. So sehr, dass ausgerechnet in der Vormoderne das deutsche Wort „Berg“ nicht nur die imposante Erscheinung von Landschaftserhebungen meinte, sondern das Innere der Erde, das Unterirdische beziehungsweise das „Unterbergische“ oder „Innerbergische“, wo entgegen jedem äußeren Anschein wertvolle Materialien, verborgene Schätze in mühevoller Arbeit herausgearbeitet werden können, um dann ebenso mühevoll verarbeitet und schließlich verladen und verschickt zu werden. Die kulturwissenschaftliche These von der bergscheuen Vormoderne gilt bei uns nur für – die Stadtleute.

Der Untersberg selber dürfte in früheren Zeiten nur wenige Wirtschaftszweige beheimatet haben. Da ist vor allem die Marmorgewinnung am nördlichen Abhang (im salzburgischen Fürstenbrunn) zu nennen, die seit der Römerzeit nachgewiesen ist, seit der Barockzeit auch namhafte Bau- und Bildwerke etwa in Salzburg, Wien, München ermöglicht hat. Der klassizistische Ausbau Münchens im 19. Jahrhundert wurde von Untersberger Marmor gespeist, nachdem es König Ludwig I. (1786–1868), gelungen war, den salzburgischen und dann österreichischen Untersberg mit den Marmorvorkommen privatrechtlich dem bayerischen Königshaus zuzueignen. Es sei aber auch auf eine andere – mehr historische – Marmorverarbeitung am Untersberg hingewiesen: Bis weit ins 19. Jahrhundert erzeugten rund um den Untersberg über 100 Kugelmühlen (häufig Bauern in Nebentätigkeit) Marmorkugeln (oder „Schusser“), die als Munition oder Schiffsballast dienten und über ganz Europa hinweg exportiert wurden. Heute wird diese Produktion noch im Gasthof Almbachklamm bei Berchtesgaden vorgeführt.[11]

Zu erwähnen ist noch die landwirtschaftliche Nutzung des Untersbergs, die vom 11. bis zum 13. Jahrhundert mit der Anlegung von Schwaigen (in Höhenlagen von etwa 900 Metern und ständig bewirtschaftet) gefördert

Kugelmühlen | Schussermühlen wurden sie auch genannt. Es sollen Marmorabfälle zu mehreckigen Stücken zugehauen worden sein, die dann in den wasserbetriebenen Mühlen zu Marmorkugeln „gemahlen“ wurden. Bis nach Amerika exportierte man diese Kugeln einst, zahlreiche Familien wurden dadurch in Brot gehalten. Eine Ausgabe des Reiseführers Baedecker von 1861 hielt fest: *Am Ende des Dorfes Gredig mehrere Marmor-(Schusser-)Mühlen, von der Albe getrieben.* Ein geografisches statistisch-topografisches Lexikon von Baiern, das in Ulm 1797 erschien, gab unter der Rubrik Salzburg an: *Am Untersberg sind mehrere Schussermühlen, worinn marmorne Schnellkügelchen, Schnippkügelchen oder Schusser verfertiget werden. Man trifft dergleichen auch am Gaisberg und zu Grödig an. Sie werden in Menge an die Handelsleute verkauft, und in grossen Fässern bis an die Küsten des Meeres versendet, wo sie als Ballast eingeschiffet werden.*

Kugeln | Kügelchen | Schusser | *Es ist ein kleiner Handelsartikel, der vom Untersberge in Salzburg und von einigen anderen Marmorbrüchen in Sachsen aus seinen Weg durch die ganze Welt findet und der als Ballast sogar oft mit nach Indien genommen wird, wahrscheinlich um auch die asiatische Jugend bis tief in jenen Welttheil hinein mit Spielzeug zu versorgen.* Der Autor dieser Zeilen, Johann Georg Kohl, machte sich auch die Mühe die verschiedenen Begriffe solcher Schusser zu sammeln. Er führt an *Hier in Salzburg nennt man sie „Schusser", auch wohl „Kucheln", in München „Anetscher", in Augsburg „Glucker", in Berlin „Murmeln", in Coblenz „Marbel", in den Hansestädten „Marel" (die letzten 3 Namen stammen von dem Worte Marmor), in Düsseldorf „Klicker", in Thüringen „Klitscher", im Voigtlande „Schnellkaulen" (Schnellkugeln) und in Holstein „Ripser".*

wurde und bis ins frühe 20. Jahrhundert auf zahlreichen Sommeralmen intensiv betrieben worden ist.[12]

Eine weitere „wirtschaftliche" Anzapfung des Untersbergs beruht darauf, dass jeder große Berg ein „Wasserschloss" ist: Regenfänger und Wasserspeicher. Seit dem 15. Jahrhundert wird die Stadt Salzburg – sei es mit „Wasserreitern", sei es mit Wasserleitungen, sei es über das Grundwasserwerk Glanegg – auch mit Untersberger Wasser versorgt. Doch die massivste von der Wirtschaft ausgehende Bedeutung des Untersbergs hat ihn nur peripher berührt, war aber so wirkungsmächtig, dass sie das politische Schicksal des gesamten Umlandes jahrhundertelang und in gewissem Sinn bis heute bestimmt hat. Es geht um die Salzvorkommen zu Füßen des Berges und um die Salzwege, die gar nicht anders können, als um ihn herumzuführen.

Politikgeschichte

Älteste Spuren menschlicher Besiedlung in der Untersberg-Gegend zeugen von Ton- und Bronzeverarbeitung sowie von Nutzung der Solequellen im heutigen (Bad) Reichenhall, am westlichen Fuß des Untersbergs.[13] Um 600 v. Chr. verlagert sich die Salzgewinnung auf den Dürrnberg bei Hallein, nur wenige Kilometer südöstlich vom Untersberg entfernt, wo reichliche archäologische Funde auf blühendes kulturelles und politisches Leben verweisen.[14] Die damaligen Menschen werden dem Volk zugerechnet, das von den Griechen „Kelten" genannt wurde und das von Mitteleuropa bis an die atlantischen Fronten Westeuropas siedelte.[15] Um 200 v. Chr. wird die Salzgewinnung bei den Reichenhaller Solequellen wieder vorangetrieben (dem keltischen Volk der Alaunen zugerechnet).

Im Jahr 15 v. Chr. überschreiten die Römer die Alpen, das Königreich Noricum wird römische Provinz, Juvavum (das spätere Salzburg) Verwaltungszentrum. Die Salzgewinnung geht weiter, der Ort wird „Salinas" genannt, er stellt das wichtigste Vorkommen im Ostalpenraum dar.[16] Nach Germaneneinfällen wandern die Römer ab und die keltisch-romanische Bevölkerung wird auch im Raum Juvavum christianisiert. Die Salzgewinnung wird fortgesetzt. Elbgermanen wandern aus Richtung Böhmen (Bajuvarii = Baiern) zu.[17]

Marmor | *Die prächtigen Säulen an den Kirchen und Palästen zu Salzburg sind vom Untersberger Marmor,* schrieb man in der Vergangenheit immer wieder. Nicht nur Salzburg hätte ein anderes Antlitz, wenn es den Untersberger Marmor nicht gäbe und erst die Ruhmeshalle aller Deutschen, die Walhalla. Ludwig I. König von Bayern (1830–1841) setzte allen Deutschen Geistesgrößen einen gigantischen Ort der Erinnerung: 20 m hoch, 74 m lang und 35 m breit, 52 kannelierte Säulen im dorischen Stil tragen die Halle – alles aus Untersberger Marmor.

Die Herzöge der Baiern berufen gegen 693 Bischof Rupert (650–718) aus Worms nach Regensburg, wo er den Herzog und seinen adeligen Anhang tauft. Er bekommt eine Generalvollmacht für die Missionierung Baierns. Rupert geht nach Salzburg, von wo aus die slawisch besiedelten Ostalpen christianisiert werden sollen. Er erreicht bei Herzog Theodbert beträchtliche wirtschaftliche Zuwendungen: ein Drittel der Soleschüttung in Salinas, 20 Salzsiedeanlagen mitsamt Arbeitskräften, der zehnte Teil sämtlicher Salzeinnahmen sowie ein Zehntel der bisher dem Herzog zustehenden Steuereinnahmen werden der Kirche von Salzburg zugesprochen.[18]

Salzburg? Der deutsche Name für die römische Stadt kommt überhaupt erst aufgrund dieses reichlichen Anteils am Reichtum von Salinas zustande, welches seinerseits nun volkssprachlich „Hall" genannt wird. Mit dieser Eigentumsübertragung (und mit der offiziellen Gründung des Bistums Salzburg im Jahr 739) werden aber keinerlei neue Territorien oder Landesherrschaften gegründet. Das gesamte Gebiet ist herzoglich-bairisch; dennoch wird ein Samen gelegt, der als territorialer Spaltpilz aufgehen sollte.

Im späten 8. Jahrhundert werden die bairischen Agilolfinger von den fränkischen Karolingern eliminiert, was jedoch den Aufstieg der Salzburger Kirche überhaupt nicht behindert. 798 bestimmt König Karl (747–814) – seit 800 Kaiser Karl der Große – seinen Freund Arno (740–821), Bischof von Salzburg, zum Erzbischof und Metropoliten über allen anderen bairischen Bischöfen und legt damit einen wichtigen Grundstein für die spätere weltliche Macht der Salzburger Kirche. Der Besuch von Karl dem Großen in Salzburg im Jahr 803 macht deutlich, dass der Metropolit einer der mächtigsten Männer in Baiern ist.[19] Und nicht von der Hand zu weisen ist die Vermutung, dass er viel später die sagenhafte Einwohnung des Kaisers im Untersberg motiviert haben könnte.

In der Zeit der Karolinger bekommt das Land mit der Gliederung in Grafschaften eine neue Verwaltungsstruktur, aus der sich das Lehenswesen entwickeln sollte: der den Sieghardingern zugesprochene „Salzburggau" reicht von Tittmoning über Salzburg und (Reichen)Hall bis zum Pass Lueg, sodass auch der Untersberg in sein Gebiet fällt.

Im 10. Jahrhundert wurde übrigens das Herzogtum Baiern wiederhergestellt: eines der vier Stammesherzogtümer (zu denen noch Lothringen kam), welche das „(König)Reich der Deutschen" bildeten.[20] Einer der Salzburggrafen erbaute sich die Plainburg direkt am Fuß des Untersbergs in Großgmain, doch diese Grafen verloren einen Teil ihres Zuständigkeitsgebiets, als für die Saline mit ihren vielen Anteilseignern (neben dem Erzbistum als dem größten noch 6 andere Bistümer, 15 Klöster, außerdem Adelige und Bürger) eine eigene Gerichtsbarkeit geschaffen wurde, die mit den „Hallgrafen" besetzt wurde.[21]

Zu Beginn des 12. Jahrhunderts kommt politische Bewegung in die gesamte Region rund um den Untersberg, womit auch eine zusätzliche territoriale Gliederung eingeleitet werden sollte. 1102 wird im Süden zum ersten Mal Berchtesgaden erwähnt, wo die Adelsfamilie der Sulzbacher ein Augustiner-Chorherrenstift gründet. 1122 findet die erste Kirchweihe statt, das Stift steht von Anfang an unter dem besonderen Schutz des Papstes. 1156 stellt Kaiser Friedrich Barbarossa (1122–1190) der Propstei einen Freiheitsbrief aus, der dem Stift die Forsthoheit zuspricht, welche von den Berchtesgadenern eigenmächtig auf Salz- und Metallhoheit erweitert wird. Das Stift hat Anteile an der Haller Saline, kann aber um 1180 im eigenen Ortsbereich, am Gollenbach, ein Steinsalzvorkommen im Berg ausfindig machen und ebenso im benachbarten Schellenberg; die Verarbeitung findet im Pfannhaus Niederalm statt. Damit kann sich das ganz junge Berchtesgaden sozusagen gleichberechtigt sowohl gegenüber Hall wie auch gegenüber Salzburg positionieren.[22] Mit den zwei Grafschaften – Salzburg und Hall – sowie dem Berchtesgadener Stiftsland formierte sich die trianguläre Rivalität rund um den Untersberg, die über sechs Jahrhunderte andauern sollte.

Ebenfalls um 1190 findet das Stift St. Peter (Salzburg) nördlich des Dürrnbergs auf dem Tuval bei Gutrat beziehungsweise Kaltenhausen ein Steinsalzvorkommen, was die Wiederbelebung der antiken „Halleiner" Salztradition unter dem Patronat des Salzburger Erzbischofs zur Folge hat. Aber noch immer sind die „Reichenhaller" Salzvorkommen die bedeutendsten und Erzbischof Konrad I. (1075–1147) kann hier seine Stellung noch verstärken, indem er bei Hall das Augustiner-Chorherrenstift St. Zeno gründet, dem ebenfalls Anteile an der Saline übereignet werden.[23] Als ranghöchste Instanz in der Region legt derselbe Erzbischof um 1125 mit der Ummauerung von Hall den Grundstein dafür, dass – sogar noch vor der Bischofsstadt Salzburg – das künftige Reichenhall eine der ältesten Städte Baierns wird. Erzbischof Eberhard I. (1105–1164) spricht 1158 und 1159 in Bezug auf die Bewohner von Hall erstmals von „Bürgern" und „Bürgerschaft" also „Stadt". Es bildet sich ein Patriziat heraus, das durch den Besitz und Betrieb von Salzpfannen ein Gegengewicht zu den überwiegend kirchlichen Anteilseignern bilden kann.[24]

Die „Große Politik" wird seit dem 11. Jahrhundert von den Auseinandersetzungen zwischen Römischem Kaiser (König von Deutschland) und Papst bestimmt, in denen sich der Salzburger Erzbischof regelmäßig auf die päpstliche Seite schlägt, womit er sich den Kaiser zum Feind macht. In den darauffolgenden gewaltsamen Auseinandersetzungen betätigen sich die Grafen von Plain als getreue kaiserliche Dienstmannen, indem sie am 5. April 1167 die Stadt Salzburg in Flammen aufgehen lassen.[25] Einige Jahre später wird Hall mitsamt der Saline ein Opfer der Flammen, die Stadt muss neu aufgebaut werden. Kaiser Friedrich Barbarossa kommt mehrmals in die Hall (daher wohl das Relief im Kreuzgang von St. Zeno).[26]

Die Salzfunde bei Hallein und bei Berchtesgaden nehmen dem alten Hall endgültig seine Monopolstellung. Andererseits gehen sowohl Salzburg wie Hall kriegerisch gegen den neuen Rivalen Berchtesgaden vor, woraufhin die Propstei zu ihrem Schutz an der Gebietsgrenze gegen Hall, im engen Tal zwischen Untersberg und Lattengebirge, eine Befestigungsanlage errichtet: „Hallthurm".[27]

Die salzburgische Saline beim Dürrnberg erhält den Namen „Hallein" = „kleines Hall" – im Vergleich zum traditionsreichen Hall, das in der Folge „Reichenhall" genannt wird.[28] Erzbischof Adalbert II. (1145–1200) schickt 1196 eine salzburgische Streitmacht gegen Hall und zerstört die Stadt mit allen Häusern, Salinen und Kirchen (mit Ausnahme von St. Zeno). Die Expedition wird als Bestrafung der Stadt wegen ihres Übergriffs gegen Berchtesgaden gerechtfertigt, eher handelt es sich jedoch um eine totale Vernichtungsaktion gegen den ökonomischen Konkurrenten – zum Schluss werden auch noch die meterdicken Stadtmauern zerlegt.

Der Erzbischof und sein Nachfolger Eberhard II. (1170–1246) möchten den Wiederaufbau der Stadt verhindern und die Stadt sogar verlegen. Damit aber verscherzt es sich die Salzburger Kirche bei den geplagten Hallern endgültig, die nun den bairischen Herzog Ludwig I. (1173–1231) an seine Rechte erinnern: das Heimfallsrecht der Grafschaft an den Landesherrn. Im Jahr 1218 kommt es zu einem Vertrag in Nürnberg, wo der Wiederaufbau der Stadt beschlossen und ein Stadtrichter bestellt wird, der nicht mehr als erzbischöflicher Gefolgsmann gilt, sondern dem Herzog unterstellt ist.[29]

In Bezug auf Reichenhall sind aufgrund dessen die Weichen in Richtung Baiern gestellt. Für Salzburg ein Verlust – wenngleich ein selbst verschuldeter.

In derselben Zeit festigen sich in Deutschland die politischen Strukturen in einer Weise, die dem Salzburger Erzbischof – wie allen anderen geistlichen Fürsten – eine Machtstellung sichern, die sich zwar schon seit Längerem angebahnt hatte, aber doch erst durch die „Reichspolitik“ von Kaiser Friedrich II. (1194–1250) notifiziert wird: die Stellung des Landesherrn, für den die Grafschaften keine Machtbeschränkung bedeuten. Salzburg ist nun ein ansehnliches geistliches Reichsfürstentum neben dem Herzogtum Baiern und neben der – allerdings recht kleinen – Fürstpropstei Berchtesgaden. Östlich von Reichenhall greift das Salzburger Gebiet mit einem schmalen Streifen bis zum Dreisesselberg (am Lattengebirge) durch und nördlich von Reichenhall und vom Hohen Staufen umfasst es noch ein größeres Gebiet mit Teisendorf, Waging, Tittmoning, Laufen. Die salzburgische Plainburg, die 1295, nach dem Untergang der Plaingrafen, an den Fürsterzbischof fällt, bekommt im Volksmund den Namen „Salzbüchsl“ – als Wächterin über den Salzhandelsweg bleibt sie immer noch mit der Salzpolitik verbunden.

Der Untersberg ist seit dem Mittelalter zwischen dem Salzburger und dem Berchtesgadener Territorium zweigeteilt, Reichenhall war bis 1803 durch die eben erwähnte salzburgische Landzunge vom Untersberg noch stärker abgeschnitten als heute.

Die Salzburger Erzbischöfe versuchen immer wieder, die Stadt Reichenhall für sich zu gewinnen. Salzburg besitzt auf Reichenhaller Gebiet immer noch Salzrechte, Gerichtsrechte, Wasserrechte und andere Güter. Es kommt zu kriegerischen Auseinandersetzungen, aber auch zu diplomatischen Verhandlungen über die „Reichenhaller Frage“, obwohl diese eigentlich schon zugunsten Baierns entschieden ist.[30]

Um 1370 versucht Erzbischof Pilgrim II. (1330–1396), die Wirtschaftstätigkeit der Propstei mit allen Mitteln zu behindern und zu blockieren, es gelingt ihm sogar, den gewählten Propst abzusetzen, weil dieser

ERBAUT
SALZBURG
DEUTSCHE WASSERWERKSGESELLSCHAFT
in Frankfurt a/M.

22. August

Markierungen I | War die Wittelsbacherin Elisabeth am 22. August 1867 im Alter von knapp 30 Jahren auf dem Untersberg? Das lässt sich angesichts der vornehmen, marmornen Tafel mit der reliefierten Krone und dem geheimnisvollen schön geschwungenen, emblematischen „E" fragen. Es ist wahrscheinlich, da bei der *Monarchenzusammenkunft von Salzburg*, wie die Zeitung *Das Vaterland. Zeitung für die Österreichische Monarchie* festhält, auch die Kaiserinnen Elisabeth und Eugenie in Salzburg waren. Kaiserin Eugenie, die Frau Napoleons, bekam bei einem Empfang einen Strauß von *Edelweiß und anderen Alpenblumen* gereicht. In Maria Plain jedenfalls waren die Kaiser und Kaiserinnen und auf dem Mönchsberg, warum also nicht auch auf dem Untersberg. Abreise der Kaiser war der 23. August 1867. *Das Vaterland* schrieb über den Abschied der beiden Kaiserinnen: *Auf dem Perron des Bahnhofes gaben sich die allerhöchsten Frauen den Abschiedkuß. Kaiserin Eugenie schlug den Schleier zurück und die Kaiserinnen küßten sich herzlich.*

über dem Hallthurm eine Befestigungsanlage größeren Ausmaßes, genannt „Hagenfels", zu errichten begonnen habe, und zwar in Absprache mit dem bairischen Herzog oder sogar mit dessen finanzieller Hilfe – angeblich um eine bairische Eroberung von Berchtesgaden zu ermöglichen. Tatsächlich besetzen im Frühjahr 1382 bairische Truppen von Hagenfels aus Berchtesgaden. Gleichzeitig beginnen die Baiern auf der anderen Seite des Untersbergs, am Turm bei Schellenberg, mit dem Ausbau von Befestigungsanlagen, die gegen Salzburg gerichtet sind.[31] Also eine perfekte Dreiecksgeschichte, die sich um den ganzen Untersberg dreht – um den es allerdings gerade nicht geht.

Obwohl 1382 in einem feierlichen Vertrag zwischen allen Beteiligten die Selbstständigkeit Berchesgadens garantiert worden ist, kann Erzbischof Pilgrim im Jahr 1392 beim Papst die Einverleibung Berchtesgadens ins Erzstift Salzburg durchsetzen – welche bis 1409 hält. Im 15. und 16. Jahrhundert hat die Reichenhaller Saline mit ernsthaften technischen Schwierigkeiten, auch mit Absatzproblemen zu kämpfen, denen sie nur damit begegnen zu können meint, dass sie sich ganz und gar unter die Obhut des bairischen Herzogs stellt, sie wird verstaatlicht: Damit gibt es um den Untersberg herum drei – miteinander konkurrierende – Staatsbetriebe, die durch den Export des „Weißen Goldes" die jeweilige Staatskasse aufzufüllen haben.[32]

Die drei Salzherrschaften (die durch den inmitten aufragenden Untersberg etwas auseinandergerückt werden – aber nicht hinreichend) setzen ihr nachbarlich enges, ständig rivalisierendes, immer wieder kriegerisches Verhältnis fort. Von 1594 bis 1723 gelingt es dem Herzogtum Baiern, die Fürstpropstei Berchtesgaden damit eng an sich zu binden, dass das Propstamt den wittelsbachischen Fürsterzbischöfen (und Kurfüsten) von Köln zufällt. Im Jahr 1604 versucht der Salzburger Erzbischof Wolf Dietrich (1559–1617) dagegen einen Vertrag zu erreichen, mit dem Berchtesgaden Salzburg einverleibt werden sollte. Darauf folgen kriegerische Handlungen und ein siegreicher Einmarsch des bairischen Herzogs in Salzburg, was dem Erzbischof Amtsverlust und lebenslängliche Haft auf der Festung Hohensalzburg einträgt.[33]

Andere Wendung in den allerletzten Jahren des 18. Jahrhunderts: Die Fürstpropstei Berchtesgaden muss aufgrund wirtschaftlicher Schwierigkeiten ihre Salinen an Baiern abtreten, wogegen Salzburg – allerdings folgenlos – einen Gerichtsentscheid durchsetzt.[34] Das heißt, dass die drei Herrschaften ihr intimes Salzkriegsverhältnis bis zum Schluss konsequent und intensiv durchziehen.

Das Ende derselben sieht folgendermaßen aus: Reichsdeputationshauptschluss von Regensburg im Jahr 1803, Säkularisierung aller geistlichen Fürstentümer – so auch des Fürsterzbistums Salzburg und der Fürstpropstei Berchtesgaden, Exitus des Heiligen Römischen Reiches. Zwei der drei am Untersberg zusammenstoßenden und durch die Salzwirtschaftskonkurrenz fest miteinander verbundenen Länder verlieren ihre etwas besondere, inzwischen nicht mehr leicht akzeptierbare innere Struktur, sehr bald auch jede Selbstständigkeit.

Der Salzburger Fürsterzbischof Hieronymus von Colloredo (1732–1812), dessen Andenken durch die unfreundliche Verabschiedung Wolfgang Amadeus Mozarts (1756–1791) beschädigt ist, verliert seinen Fürstentitel, ist aber schon 1800 nach Wien geflohen. Wenige Tage danach wird auf dem Walserfeld die Schlacht zwischen den Franzosen und den Österreichern geschlagen, mit Sieg der Franzosen. 1809 fällt Salzburg an das neue Königreich Bayern. Kronprinz Ludwig residiert im Schloss Mirabell, wo sein Sohn Otto (1815–1867), später König von Griechenland, geboren wird. 1816 geht Salzburg (ohne Rupertiwinkel) an das Kaisertum Österreich. König Ludwig I. erbaut mit seinem Untersberger Marmor sein „Isar-Athen".

Reichenhall erlebt den Umbruch nicht ganz so tiefgreifend, weil es ja zu einem „normalen" Fürstentum gehört hat, nicht zu einem geistlichen. Aber ein bisschen greift auch da die Säkularisierung ein, da es mit dem Stift St. Zeno eine Enklave der salzburgisch-berchtesgadischen Sonderwelt enthalten hat.

Bereits vor dem ganz offiziellen Säkularisierungsbeschluss von 1803, der die geistlichen Fürstentümer suspendiert, geht von der Münchner Regierung eine Entscheidung aus, welche die ständischen Klöster betrifft: Nach dem Tod des Propstes von St. Zeno im Jahr 1801 verbietet der Landesherr die Wahl eines neuen Propstes und ordnet an, den Vermögensstand des Stiftes festzustellen. 1802 wird allen Klöstern die Verfügung über ihr Eigentum aberkannt. 1803 werden sie säkularisiert, das heißt, ihr inländisches Vermögen geht in die Hände des Landesfürsten über.

Die Liquidierung des Stifts hatte aber nicht nur diese ökonomische Dimension. Zum Kloster, dessen Zentrum eine mächtige (und noch heute bestehende) Stiftskirche bildete, gehörten noch vier kleine Kirchen (denn eine große Kirche erzeugt notwendigerweise einige kleinere). Zwei davon wurden 1803 verkauft und abgerissen, die beiden anderen, St. Peter und St. Paul, wurden 1804 nach erfolgter Exsakration abgetragen. Dafür hatte sich der Reichenhaller Stadtschreiber eingesetzt und argumentiert: die beiden Kirchen verfügen erstens über kein Vermögen und würden nur Kosten verursachen; und zweitens „würde mit dem Abbruch auch die Ausrottung eines hier seit Langem kursierenden Aberglaubens einhergehen: es *würde dem Kaiser Karl in dem Untersberg samt seinen viel bey sich habenden Leuten doch die Mühe und der große Weg ersparret, da selber nach Behauptung hiesig alter abergläubischer Leute zu gewissen Zeiten bey der Nacht mit Fahnen, Kreuz und Stangen diese beiden Kirchen besuchen und allda und nächtlichen Gottesdienste beywohnen muß und somit der dumme Aberglaube ganz beseitiget.* Allerdings bat der Beamte in seinem Schreiben wohlweislich um Diskretion, was seine Vorschläge zu den Säkularisierungsmaßnahmen betraf, *damit ich nicht nach Enthalt der alten Geschichten oder Legenden der Heiligen wie ein Stephanus einst auf öffentlichem Platz von andächtigen, alten, abergläubischen Väterln und Mütterln und dem hier ohnehin zügellosen Volke gesteinigt werde.“*[35]

Mitten in der Reichenhaller Geschichte, in der großen Umbruchszeit, der sogenannten „napoleonischen“, stoßen wir hier auf die Untersberg-Sage, und zwar außerhalb jedweder „Sagenliteratur“. Die Sage als „soziales Faktum“, als seit langer Zeit umlaufendes Gerücht, beschrieben und ironisiert von einem behördlichen Gegner, ja von einem Feind solchen und ähnlichen „Aberglaubens“. Wie schon im späten 16. Jahrhundert ein Salzburger Jurist von seiner Obrigkeit gemaßregelt, ja kriminalisiert worden ist, weil seine Frau mit angeblichen Einwohnerinnen des Untersbergs Kontakt aufgenommen hatte. Dieses Mal ist es ein Reichenhaller Stadtbeamter, der den Untersberger „Aberglauben“ aufs Korn nimmt und sogar eine Gelegenheit gefunden zu haben meint, mit ihm Schluss zu machen. Im frühen 16. Jahrhundert war es hingegen – angeblich – ein Reichenhaller Stadtschreibergehilfe gewesen, der sich zum Aufschreiber von wundersamen „Untersberger“ Inschriften, Begegnungen, unterirdischen Wanderungen, Prophezeiungen gemacht hat (wie noch auszuführen sein wird). Die Überlegungen des Reichenhaller Stadtschreibers von 1804 wurden mir durch die Forschungen des Bad Reichenhaller Stadtarchivars von 2009 zugänglich gemacht. Dies zur Kontinuität der Reichenhaller Untersberg-Sekretäre.

Reichenhall musste in der sogenannten napoleonischen Zeit manche kriegerische Unbilden über sich ergehen lassen. Im Übrigen lief die Salzproduktion weiter, obwohl das Salz unter neuen territorialen und ökonomischen Bedingungen nicht mehr jenen enormen Wert besaß, der es bis ins 18. Jahrhundert zu einer Quelle von Reichtum gemacht hatte. Aber in Reichenhall verstand man es, die neuen Moden des Landschaftsgenusses, des Tourismus und des Gesundheitsstrebens für sich auszunutzen: Reichenhall wurde „Bad“ und zog prominente Gäste an. Unter ihnen Richard Wagner (1813–1883), der um 1871 sogar mit dem Gedanken gespielt haben soll, sein geplantes Festspielhaus in Reichenhall zu errichten.[36] In diesem Fall hätte die neue Zeit für Reichenhall vielleicht eine ähnlich spektakuläre Wende gebracht – wie in Berchtesgaden.

Denn in Berchtesgaden schlug der neue Zeitgeist noch stärker durch: die Ästhetisierung der Landschaft fand im Watzmann ein unübertreffliches Kultobjekt, die bayerischen Könige machten aus der Fürstpropstei ihr Königliches Schloss, ganz Berchtesgaden wurde eine Sommerfrische, die auch Gäste aus Österreich (das 1866 aus Deutschland verstoßen wurde) anzog – so Peter Rosegger (1843–1918), Sigmund Freud (1856–1939) und Arthur Schnitzler (1862–1931). Viele Münchner siedelten sich an, auch der aus

Österreich stammende Neumünchner Adolf Hitler (1889–1945), zunächst gescheiterter Künstler, nach dem Ersten Weltkrieg Parteipolitiker und Putschist. Er mietete sich in den Zwanzigerjahren in Obersalzberg ein, baute nach seiner „Machtergreifung" sein Haus zum „Berghof", seiner Zweitresidenz, aus.[37] Von da aus hatte man einen direkten Blick auf die ganze östliche Langseite des Untersbergs; dort empfing er viele Staatsgäste, darunter im Februar 1938 den österreichischen Bundeskanzler Kurt Schuschnigg (1897–1977). Aus den Erinnerungen von Albert Speer geht hervor, dass Hitler die in den Untersberg eingenistete Kaisersage kannte und auf sich bezog – und zwar die Kaisersage in der seit dem 19. Jahrhundert umlaufenden Version von einer letzten Schlacht und einer Wiederherstellung des Reiches.[38] Sollte Adolf Hitler der einzige ranghohe „Staatsmann" gewesen sein, der zu Lebzeiten ein enges, ja ein persönliches Verhältnis zum Untersberg aufgebaut hat?

Sagengeschichte

Die schon kurz erwähnte Kaisersage ist zweifellos die bekannteste in den Untersberg eingenistete Sage – doch existiert sie in unterschiedlichen Fassungen und mit unterschiedlichen Namen und darüber hinaus ist sie keineswegs die einzige mit diesem Ort verbundene Legende. Die Wesen, die in diesen Sagen auftreten, gehören unterschiedlichen Ordnungen an: es sind Natur- oder Märchenwesen wie Riesen, Zwerge, Bergmännlein, Wildfrauen, Wildes Heer; es sind aber auch „richtige" Menschen, insbesondere „Abgeschiedene", also Tote, die im Berg weiterleben. Die geräumigen Höhlen, von denen die Rede war, legen es ja geradezu nahe, dem Untersberg zusätzliche „Einwohner" zuzuschreiben.[39]

Fingerlein | Sind Bewohner des Untersbergs. Sie beschenken die Bauern in der Gegend des Berges, necken sie oder machen sie unglücklich, weiß der Reisende aus Königsberg August Lewald im 19. Jahrhundert zu berichten. Lewald schreibt ganz ehrfürchtig: *Der Untersberg, zwei Stunden von Salzburg, in dessen Innerm eine Märchenwelt glüht, kann auf herrlichem Wege, der zum Theil in Marmor gehauen, besucht werden.*

Abgesehen davon, dass die Kaisersage ältere und anderweitige Herkünfte hat, was wohl auch für die übrigen Sagenmotive gilt, sind die Untersberg-Sagen als solche nicht „uralt": sie tauchen erst im 16. Jahrhundert auf.

Die erste direkt aus dem 16. Jahrhundert überlieferte Untersberg-Sage tritt allerdings nicht unter dem harmlosen Titel „Sage" hervor – sondern im Rahmen eines Kriminalfalls. Der Jurist Johann Baptist Fickler (1533–1610), der von 1559 bis 1588 in salzburgischen Diensten stand, berichtet in seiner handschriftlichen *Salzburgerischen Chronik* über einen dortigen Kollegen, den Juristen Dr. Martin Pegius (1523–1592), Verfasser eines bekannten Astrologie-

Lehrbuchs, dieser habe von verschiedenen Bergen, so auch vom Untersberg wundersame Beschreibungen geliefert, wobei er auch persönliche Erlebnisse habe einfließen lassen, „was Wunders im Untersberg bei Salzburg von Bergmännlein und Bergfrauen, Frau Venus, von Gold, Karfunkel, Korallen, Rubin etc.“[40] „Das alles wäre sichtbar und von einem großen, Tageshelle ausströmenden Karfunkelstein Jahren prophezeit worden sei, dass ein Mann namens Martinus, der in der Astronomie und Juristerei wohl erfahren gewesen sei, auferstehen und sie durch seine Fürbitte erlösen werde. Zwischen dem 14. und 26. März 1581 habe ihnen Gott einen Engel gesandt, der ihnen verkündete, dass Dr. Martin Pegius derjenige sei, von welchem die Prophezeiung sprach. Weiters erzählt Dr. Pegius, dass im Untersberge

Schatzsucher | Soll es auf dem Berg auch gegeben haben, berichtet Franz Anton Alexander von Braune. Ihm seien bei einer seiner Exkursionen auf den Berg ein Chirurg und ein Bauer am Jungfernbründl begegnet, diese hätten bei ihrer Suche nach Goldsand an dieser Quelle einen Gräuel der Verwüstung unter den Pflanzen angerichtet.

beleuchtet. Er schreibt des Weiteren von schönen Frauen, deren Häupter mit goldenen Kronen geschmückt wären. Namentlich eine zeichne sich vor allen übrigen aus, welche aus dem Geschlechte der Heiligen Drei Könige von Saba, nämlich aus Persien sei. Diese Königin sei am Sonntag Reminiscere, dem 19. Februar, gegen Salzburg zu des Dr. Pegius‘ Ehefrau gekommen und habe von dieser begehrt, sie möge sich auf drei Jahre in den Berg ‚hinein versprechen‘, dann wolle sie ihr so viel geben, dass sie ihr Lebtag reich und eine hochangesehene Frau sein würde. Frau Pegius habe jedoch nicht eingewilligt, sei aber gleichwohl in den Berg gekommen und dort vieler Wunderdinge ansichtig geworden. Die Königin von Saba – zweifelsohne der leidige Gottseibeiuns, wie Dr. Fickler meint – wäre später öfter in die Behausung der Pegius’ gekommen und habe ihr viele Geheimnisse offenbart. So auch am dritten Osterfeiertag, dem 26. März 1581, an welchem Tage Frau Pegius von der Königin erfahren habe, dass den Bewohnern des Untersbergs vor tausend auch Annas und Kaiphas, der Sultan von Ägypten, Herodiades, des Herodes Tochter, die Königin von Sodoma und Gomorrha usw. seien. Von diesen sei Herodiades gleichfalls bei seiner Ehefrau gewesen und habe ihr erzählt, wie es bei der Enthauptung des heiligen Johannes zugegangen sei. Auch der Sohn des Kaisers Augustus befinde sich im Berge und habe am 8. April 1581 mit der Königin von Saba seine Ehefrau besucht und viel Wunderbares erzählt.“[41]

Der Berichterstatter Fickler scheint die Erlebnisse des Ehepaars Pegius als tatsächlich geschehen zu akzeptieren, gleichzeitig betrachtet er sie durchaus „inquisitorisch“ als ein Gaukelspiel des Teufels; das heißt, er nimmt die Position des Untersuchungsrichters ein, der das Ehepaar Pegius kriminalisiert. Das Ganze mag von heute aus als „Sage“ gelesen werden können: Im späten 16. Jahrhundert war es ein Vorfall, der einem angesehenen Salzburger Ehepaar eine religiös begründete Privilegierung als „Seher“ bescheren hätte können – oder aber Verdächtigung als „Zauberer" oder „Hexen". Das Zweite scheint historisch der Fall gewesen zu sein: Das Ehepaar wurde zwar nicht verurteilt, aber lebenslänglich auf Hohensalzburg inhaftiert.

Unser Wort „Sage" erweist sich bereits als eine späte Verharmlosung und Homogenisierung der Untersberg-„Sagen", innerhalb derer recht unterschiedliche, auch sehr pointierte „Sprechweisen" auftreten. Was bei den Pegius' dominiert, ist die aktuelle Erscheinung von „Abgeschiedenen": Menschen, die längst tot sind, namentlich bekannte sowie andere, werden von gerade lebenden Menschen im Untersberg gesehen, oder sie kommen aus dem Berg heraus und nehmen mit gerade Lebenden Kontakt auf. Es handelt sich um „Visionen" im alten Sinn des Wortes, wahrnehmungsartige (folglich unfreiwillige) Erlebnisse, in denen etwas Unmögliches, Unwirkliches, äußerst Unwahrscheinliches wahrgenommen wird.[42] Aber zunächst liegen nur Visionsbehauptungen vor, Behauptungen, die bei der Umwelt nicht ohne Weiteres Glauben finden.

In einer ebenfalls aus dem späten 16. Jahrhundert stammenden Schrift, der (1681 erschienenen) Alektryomantia des Astronomen Johann Praetorius (1537–1616), ist zu lesen: *„Es wird aber da herum geglaubet/das Kayser Karl/sie schwatzen der Grosse/drinnen sollte ruhen und zwar am Tische sitzen und schlaffen/daß seyn Barth sehr breit über den Tisch hingewachsen sey. Sein Kriegsheer würde abseits/wie im weiten Felde/nebenst ihme gelagert vermerkt. Aber eben diese Fratze wird auch zu Saltzburg vorgebracht vom nechsten Berge"*[43] Der Autor bezieht sich mit dieser kurzen Erwähnung – im Unterschied zur Pegius-Geschichte – tatsächlich auf die Kaisersage, und hat auch genau das im Blick, was dem Begriff „Sage" entspricht, nämlich eine Art feststehendes Gerücht, das vielen Leuten bekannt ist; außerdem beurteilt er sie ironisch-polemisch, weil die Leute sie ja nicht bloß erzählen, sondern sogar glauben.

Handschrift 2398, auch „Bilderhandschrift" genannt, weil zahlreiche farbige Malereien in die Textseiten integriert sind (aus dem frühen 18. Jahrhundert): *Die Propheceyung, so im Undtersperg zu Reichenhall geschehen ist, im 1523. Jahr.* In Ich-Form erzählt ein Lazarus Günzner (auch Gitschner), Diener des Reichenhaller Stadtschreibers, dass er mit seinem Herrn sowie dem Pfarrer, dem Pfleger und einem weiteren Bürger von Reichenhall in Richtung Salzburg auf den Untersberg gegangen sei, und da hätten sie unter einer steilen Wand eine in den Felsen eingehauene Inschrift aus silbernen Buchstaben gesehen. Nach ihrer Heimkehr hätten sie immer noch von der Inschrift geredet, der Stadtschreiber und der Pfarrer hätten ihn wieder hinaufgeschickt, damit er ihnen diese abschreibe und bringe. Er sei wieder hinauf und habe abgeschrieben wie folgt:

„S.d.d.occo.x.
Satrnrop,5.a.f.5.l.d.
P.6.m.6.a.t.5.q.o.t.m.5.r.u.a.t.
m.519.r.l.v.e.p.55.a.tt.tt.l.xmissm
ariu.a.o.u st g c x 5.1.19.altomvraco
mic r ly.pymi.l o pm i. v m l t.t g"[44]

Über dem Anschauen und Abschreiben der Inschrift ist der Abend hereingebrochen und Lazarus musste oben auf dem Berg übernachten. Während des Abstiegs am nächsten Morgen (in Richtung Berchtesgaden) begegnete ihm ein Mönch mit einem großen Schlüsselbund, der ihm sagte, er könne ihm zu essen und zu

Lazarus Gitschner | Dienstknecht beim Stadtschreiber in Reichenhall, begegnet einem Mönch auf dem Untersberg und dieser führt ihn auf den hohen Thron zu einer eisernen Tür, die er öffnet. Dahinter findet sich eine steinerne Bank. Lazarus solle dort seinen Hut ablegen, ihm folgen und des Weiteren mit niemandem mehr sprechen, außer mit dem Mönch, sprach selbiger. Daraufhin tat sich im Berg eine wahrhaft paradiesische Landschaft auf: Gärten sprossen, Quellen sprudelten, Glocken läuteten, Orgeln spielten. Lazarus nimmt dort im Berg zusammen mit dem Mönch an einem wahrhaft himmlischen Gottesdienst teil, an dem auch eine Reihe stattlicher Personen beteiligt sind, darunter ausdrücklich Kaiser Karl und viele andere gläubige Personen aus der längst vergangenen Geschichte. Nach diesem atemberaubenden Gottesdienst bekommt Lazarus alsdann eine reichliche Mahlzeit – bestehend aus Fleisch, Gerste, Brot und Kraut – gereicht. Es wird ihm Wein eingeschenkt, dies alles auf Geschirr aus Zinn. Ein Mahl, wie es sonst nur im Stift St. Peter bei Salzburg üblich wäre, hieß es damals. Lazarus, der Knecht des Stadtschreibers von Reichenhall, kommt aus dem Staunen nicht mehr heraus. Als der Mönch dem Lazarus dann auch noch zwölf Türen zeigt, die nach St. Bartholomä bei Berchtesgaden, in den Dom von Salzburg, nach Reichenhall, Feldkirchen, Gaming, Seekirchen, St. Maximilian, St. Michael, St. Zeno, dem ehemaligen Kloster bei Reichenhall, nach Maria Eck bei Traunstein, nach St. Peter und Paul und nach St. Dionysien führen, und in deren Kirchen überall prächtige Gottesdienste gehalten werden, vergeht dem Lazarus das Staunen gar nicht mehr. Die Begebenheit soll sich in den Zwanzigerjahren des 16. Jahrhunderts zugetragen haben, der Druck dieser Erzählung fand im 18. Jahrhundert statt. Der Kaiser im Untersberg, dem hier Lazarus und der Mönch begegnen, konnte auf keinen Fall der Habsburger Karl V. sein, wie oft angenommen wird, denn dieser verstarb erst im Spätsommer des Jahres 1558 in der Estremadura in Spanien, auch wenn dies vielleicht die Absicht der Verfasser dieser Schrift sein mochte, um die Kraft des katholischen Glaubens österreichischer Wurzeln zu untermauern.

trinken geben und außerdem mit ihm noch einmal zur Inschrift gehen, mit der wohl etwas unklar geblieben war. Da war in der Felswand eine eiserne Tür, die der Mönch aufschloss: Es öffnete sich eine weite und helle Landschaft, mit einem Kloster, einer riesigen Kirche und 300 Mönchen, mit vielen Messen und Musik; dann gab es etwas zu essen, und viele Menschen waren zu sehen: Kaiser, Fürsten, Priester und andere Personen; er sah wieder die lateinisch geschriebenen silbernen Buchstaben wie auf der Felswand, der Mönch las ihm die vor, sie waren lateinisch; aber auch Bücher aus Baumrinden und Häuten mit kaum lesbaren alten Buchstaben, aus denen ihm der Mönch ebenfalls vorlas.

Dann die Vesper, das Abendessen; es öffneten sich zwölf Türen, durch die die Mönche in der Nacht unterirdisch jeweils eine von zwölf namentlich genannten Kirchen besuchten, um da die Mette zu feiern – im Berchtesgadener, Reichenhaller und Salzburger Land. Tagsüber wurden in den großen Büchern Weissagungen gelesen, von großen Katastrophen, die auf die Welt zukommen würden; dann sah man wieder eine große Menschenmenge und in ihr einen Kaiser: es war *„Kayser Friederich, der verzuckht ist worden auf den Walserfeld"*, daneben einen Fürsten, einen Bischof und Prälaten, mit Namen genannt und der jüngeren Vergangenheit (um 1500) zuzuordnen. Dann wurde Lazarus

aus dieser Untersberger Welt entlassen, er musste dem Mönch versprechen, erst nach 35 Jahren (das heißt ab dem Jahr 1558) von dem zu erzählen, was er erlebt hat, denn dann würden die schrecklichen Weissagungen, die er gelesen, in Erfüllung gehen mit Unglauben und Bosheit, Lug und Trug, der Krieg gegen die Türken würde bis an den Rheinstrom gehen, die Christen würden gegeneinander Krieg führen, bis zur Schlacht auf dem Walserfeld, zu der auch der Kaiser Friderich herauskommen werde, die Gräuel würden so weit gehen, dass die wilden Tiere unter dem Rupertus-Altar ihre Jungen ausbrüten. Nach dem jetzigen Kaiser, Karl V., werde es keinen gekrönten Kaiser mehr geben. Außer dem genannten Kaiser lasse Gott auch „Riesen" im Untersberg wohnen, damit auch sie in der letzten Schlacht die Ungläubigen und Gottlosen ausrotten. Allerdings wird für die Zeit nach der Schlacht kein politisches Friedensreich vorausgesagt; der Text verharrt bei seiner pessimistischen Schilderung der katastrophalen irdischen Zustände – die alsbald zum Weltuntergang führen würden. Er endet mit einem Gebet um einen seligen Tod, um Gnade beim Jüngsten Gericht und ewiges Leben.[45]

Diesem Handlungsschema folgen alle Versionen der Lazarus-Geschichte mit Varianten, die einerseits die Transkription der Silbernen Inschrift betreffen, andererseits eventuelle Fortschreibungen der Prophezeiungen bis ins späte 18. Jahrhundert (obwohl sich diese eigentlich schon im 16. Jahrhundert hätten erfüllen müssen); außerdem fügen manche Handschriften noch kleinere Untersberg-Sagen an: vor allem Berichte von Visionen, also Begegnungen von Bewohnern der Untersberg-Gegend mit geheimnisvollen „Untersbergern".

In der Lazarus-Geschichte tritt zur „Vision" die „Prophezeiung" oder „Weissagung", und deren Grundschema liegt in der frühchristlichen Naherwartung der Wiederkunft Christi mit Weltuntergang und Jüngstem Gericht, wie sie bereits in einigen Schriften des Neuen Testaments ausführlich geschildert wird.[46] Im Untersberg wird Lazarus beauftragt, diese rein religiöse Eschatologie, die innerhalb weniger Jahrzehnte in Erfüllung gehen soll, seinen Zeitgenossen mitzuteilen, damit sie sich durch sittliche Besserung und radikale Bekehrung darauf einstellen können. Gleichzeitig wird dieser Ankündigung des Jüngsten Gerichts eine politische Note mitgegeben, die auf zwei Ebenen formuliert wird: einmal durch die eher beiläufige Erwähnung eines alten und guten Kaisers, der mit einer letzten Schlacht ein bloß ephemeres irdisch-militärisches Vorspiel zum Jüngsten Gericht liefern soll. Zum anderen durch eine scharfe Polemik gegen die politischen Zustände des 16. Jahrhunderts, in dem sich der Untergang des Heiligen Römischen Reiches bereits ankündige – und zwar nicht bloß durch das Eindringen der Türken in Deutschland, sondern durch die immer unerträglicher werdende Willkürherrschaft der sich absolutistisch gebärdenden Landesherren sowie durch die auf Teuerung, Betrug und rücksichtslosen Gewinn setzenden Handelsherren. Die Verbindung zwischen diesen beiden politischen Motiven war seit dem späten Mittelalter weit verbreitet. Ja, der französiche Philosoph Michel Foucault hat darin die Quelle für eine neue Denkweise gesehen: „eine Hoffnung auf den Tag der Rache verbunden mit der Erwartung des Kaisers der letzten Tage, des *dux novus*, des neuen *Führers,* der fünften Monarchie, des dritten *Reiches* – das zugleich das Tier der

Apokalypse und der Rettung der Armen sein wird ... Karl der Große, der in seinem Grab eingeschlafen ist und aufwachen wird, um den gerechten Krieg wieder zu beleben, oder die beiden Friedriche (Barbarossa und der Zweite), die unter der Erde auf das Erwachen ihres Volkes und ihres Reiches warten".[47]

Politische Unzufriedenheit und Aufgeregtheit, die sich entweder in handgreiflichen Aktionen oder in religiösen Reformwünschen äußerte, bilden tatsächlich den Hintergrund für die Lazarus-Geschichte, die ja immerzu auf die Zwanzigerjahre des 16. Jahrhunderts (zurück)datiert wird. Eben in jenen Jahren begann die Ausbreitung der lutherischen Reformation, die auch in den baierisch-österreichischen Raum vordringen sollte, und direkt im Salzburger Land erhoben sich die Pinzgauer Bauern, verbündeten sich mit den Pongauer Bergglеuten und bedrohten den Landesfürsten militärisch, machten auch Reformvorschläge, die schon damals die Salzburger (auch Berchtesgadener) Spezialität in Frage stellten: nämlich das geistliche Fürstentum.[48]

Neben der biblischen Genealogie muss für die Lazarus-Prophezeiung noch eine andere Tradition genannt werden, die speziell das Kaiser-Motiv betrifft: eine antik-mittelalterliche eher apokryphe Tradition, die einen letzten Kaiser der Römer in Aussicht stellt, welcher zuerst alle Feinde des Christentums vernichtet, schließlich seine Macht an Gott zurückgibt und durch seine Abdankung dem Antichrist Platz macht, der schlussendlich von dem wiederkehrenden Christus überwunden wird.[49] Diese Weissagungs-Tradition läuft über das aus dem 4. Jahrhundert stammende *Constans-Vaticinium,* den zunächst syrisch erschienenen *Pseudo-Methodios* aus dem späten 7. Jahrhundert, die *Sibylla Tiburtina* aus der Zeit um 1000 bis hin zu mittelalterlichen Texten, die ein Motiv aus dem Zweiten Thessalonicherbrief hervorheben: die Rolle des Kaisers als „Aufhalter" des Antichrist (und damit auch des wiederkehrenden Christus).[50] Durch die Verstetigung der Aufhalter-Funktion wird es möglich, die Naherwartung (des Jüngsten Gerichts) zu entschärfen, aber auch die Erwartung einer Kaiser-Wiederkehr sowie die Erwartung eines optimalen Kaisers zu dämpfen.

Die Hoffnung auf die Wiederkunft eines früheren Kaisers war häufig – so eben auch hier – mit der Vorstellung verbunden, dass Herrscher nach ihrem Tod eine irgendwie leibliche Existenz an einem irgendwie physischen Ort führen, der theologisch als Hölle oder Fegefeuer oder Himmel gedeutet wurde oder einfach als natürlicher und monumentaler und gut sichtbarer Aufenthaltsort gelten konnte: der Berg als Anlage zu einem gebrochenen Sehen von Toten. Vor allem mit Kaiser Friedrich II. hat man derartige Vorstellungen verbunden.[51] Im Kyffhäuser (Thüringen) war zunächst er sagenhaft anwesend, bis man sich dann auf seinen Großvater Friedrich I. Barbarossa festlegte. Auch für den Untersberg wird zunächst öfter ein „Friedrich" genannt, seit dem 19. Jahrhundert einigt man sich auf Karl den Großen.

Die zahlreichen Varianten der Lazarus-Geschichte bringen unter anderem auch verschiedene Transkriptionen der Silbernen Inschrift, die Lazarus ja zunächst abgeschrieben hat, ohne sie zu verstehen. Die „Verzweigung" dieses großen Schrift-Stücks beginnt ja schon im Text, wenn Lazarus in der innerbergischen

Klosterbibliothek sowohl diese (lateinische) Inschrift wiederfindet als auch Bücher aus Baumrinden und Häuten mit alten – besten oder unbekannten – Buchstaben. Die vorher abgedruckte Transkription besteht zwar aus lateinischen Buchstaben (und arabischen Ziffern), wirklich lesbar ist sie aber nicht – akronymes Stenogramm, Kryptogramm, Steganogramm?

Handschrift (HS) 1295, die aus späteren Jahrzehnten stammen soll (um 1800) transkribiert viel kürzer und auch nicht entzifferbar:

„E.EolI.O.g.Ad.ig.e.g.r.ig.eg.eht."

HS 4034 (ebenfalls aus dem späten 18. Jahrhundert, und mit der Besonderheit, dass sie die eschatologischen Textstellen aus Matthäus und Lukas zitiert) transkribiert:

„n:et:ac.ca:et.sal:cui:et:ax.P:dz:m:gal:d:tm:fru :et:in ext:v:s:s:s:vals:max:d:in:acch:pras.tinen unlantz as et vsig ex hg nale inter anno seem ex s try;ck krim et exem et in m:g:l"

Der Brixener Druck von 1782 recht anders:

„S.V.R.C.E.T.S.A.T.V.S."[52]

Diese kurze Buchstabenfolge mag zunächst auch wie ein Akronym aussehen, wirkt aber doch ziemlich lesbar. Und sie erinnert daran, dass in der Handschrift HS 2398 die Illustrationen eine andere Inschrift zeigen (als die Transkription im Text), nämlich:

„S.V.R.G.E.T.S.A.T.V.M."

Das lässt sich nun wirklich leicht übersetzen: „Aufgehen wird, was gesät worden." Sieht aus wie eine botanische oder landwirtschaftliche Binsenweisheit, aber das Futurum im Prädikat könnte immerhin auf eine prophetische Bedeutung hinweisen. Die zitierte Version aus dem Brixener Druck variiert zu einem männlichen Subjekt: „Aufgehen oder aufstehen wird, der gesäet worden."

HS 1295 zeigt in den Bildern mehrfach die Version:

„S.V.R.G.E.T.S.A.T.O.M."

Sie sträubt sich gegen Übersetzung und verwirrt die Unterscheidung zwischen lesbaren Transkriptionen (Typ L) und unlesbaren Transkriptionen (Typ U). Und noch verwirrender die Transkription in dem zweiten Druck aus dem Jahr 1831:

„S.O.R.C.E.J.S.A.T.O.M."[53]

Darin eine weitere Transkription desselben (!) „Geschrifts mit silbernen Buchstaben": „Bellum, Fames corias peseit. Moesque z. i. Siore P.S.F.U. Innen voslam. i.h.h.h.h." – mit dem ironisch-verzweifelten Kommentar „Herbey ihr Philologen!"[54]

HS 2398 zeigt in ihren Bildern noch mehrere Herrscher, abendländische und morgenländische (wofür es im Text keine Entsprechung gibt) mit großen Inschriften mit eher griechischen und noch anderen Buchstaben (allesamt unlesbar). Die Transkriptionen wuchern also sozusagen grenzenlos weiter. Warten sie auf eindeutige Hermeneutik, auf endgültige Entzifferung? Anscheinend geht das Weiterwuchern der Silbernen Inschrift bis heute; jedenfalls habe ich am 26. Juni 2011 im Untersberger Marmorsteinbruch eine schon eingeschwärzte Marmorfelsenwand im

Anprall der Nachmittagssonne so gleißen sehen, dass der Eindruck eines riesigen und grellen Strichcodes unvermeidlich war.

Maßmann druckt in seiner Einleitung auch eine gedichtförmige Fassung der Untersberg-Sage ab. Sie stammt aus Aloys Weißenbach: *Aigen. Beschreibung und Dichtung* (Salzburg 1817). Ein Fürstensohn betritt gegen Abend den Untersberg, erlebt in der Nacht dort ein Schlachtgetümmel, bis ein Herold ihn ins Berginnere führt, das sich zu einem gigantischen Thronsaal öffnet, wo der Kaiser, umgeben von den sieben Kurfürsten, inmitten von 10 000 gerüsteten Rittern und 100 000 Lanzenknechten thront. Da tritt die junge Tochter des Kaisers an diesen heran, misst dessen Bart und stellt fest, dass er noch nicht dreimal um den Tisch herumgewachsen ist, der Fürst will die Tochter des Kaisers umarmen – doch plötzlich erstarrt und versinkt alles. Der Herold erklärt dem jungen Fürsten, dass die Zeit noch nicht gekommen ist – bis ein junger Fürst seinen Wappenschild an den Walserfelder Baum hängen wird, woraufhin das Heer des Kaisers hervortreten und in einer letzten Schlacht das Volk zum zweiten Mal erschaffen wird. Dann wird der Kaiser sein Reich wie seine Tochter dem Prinzen übergeben: „Die Tochter heißt Teutonia."[55]

Auch abgesehen von der Liebesgeschichte – hier ist die romantische, die moderne Version der Kaisersage formuliert, diejenige, die bis heute abgeschrieben, vielleicht in den Volksschulen gelehrt wird. Eine Version, die säkularisiert und aufs National-Politische reduziert ist, die jede religiöse Einrahmung, sowohl die biblische wie die methodianisch-sibyllinische, abgeworfen hat. Aber nicht diese Version, die ebenso im Kyffhäuser anzutreffen ist, hat die Kaisersage im Untersberg eingepflanzt. Die rein politisch-militärische Kaiser-Erscheinung im Berg liefert nicht den geringsten Hinweis darauf, wieso sich die Kaisersage überhaupt auch im Untersberg eingenistet hat – zusätzlich zum eigentlich bekannteren Kyffhäuser.

Wie lässt es sich erklären, dass sich da vor allem die religiös gefasste Version der Kaisersage festgesetzt hat und so umfangreich, auch variantenreich, literarisiert worden ist? Und dass der Berg auch andere Sagen angezogen und akkumuliert hat – vielleicht sogar zu einem exzeptionellen Sagen-Attraktor und -Akkumulator geworden ist?

Was hat den Untersberg dazu qualifizieren, ja seligieren können? Vermutlich kann mein Abriss seiner Politikgeschichte einen Fingerzeig geben. Die territorialpolitische

Markierungen II | Der Mensch will nicht vergessen werden, und um dies zu garantieren, muss er von sich erzählen, Spuren hinterlassen, Territorien abstecken. Auf oder aus Stein, auf und in Holz, in der Erde, auf der Erde, in den Bäumen auf den Bergspitzen, auf den Almhüttentüren- und -wänden. Man ritzt mit einem Messer seinen Namen oder den seiner Liebsten in einen Baum ein, man schnitzt die Hüttentür voll, um zu bestätigen, dass man da war, oder man setzt Grenzsteine, um die staatliche oder regionale Macht zu manifestieren. Meistens machen dies Männer, ist doch das Messer unzweifelhaft ein männliches Instrument – in der Vergangenheit war ein Messer oftmals eines der ersten Geschenke, das man(n) vom Paten bekam.

Wetterhäuschen | Das Untersberghaus war nicht nur Schutzhaus, es war auch eine meteorologische Station. Sein Wasser bezog das Schutzhaus vom sogenannten Melkerbründl. Ein gewisser F.E. Pichlmayr schrieb 1867, als er sich die Pflanzenwelt des Untersbergs eingehender anschaute: *ein Theil der Südseite ist wegen seinen schroffen Wänden fast unbesteigbar und wenige Sennereien sind mit Ausnahme des Scheibenkasers sehr früh- und spätzeitig bewohnt.*

Einzigartigkeit des Untersbergs liegt nämlich darin, dass er 700 Jahre lang ein Berührungsort, fast Überschneidungsort zwischen drei Herrschaftsgebieten, davon zwei geistlichen Fürstentümern war – und damit ein Superlativ-Ort des „Heiligen Römischen" als solchen. Denn eine territorialpolitische Spezialität des Heiligen Römischen Reiches war die Existenz von geistlichen Fürstentümern. Geistliche Fürstentümer: Das heißt, dass geweihte katholische Priester (zusätzlich waren sie Äbte, Pröpste oder Bischöfe) oder geweihte Äbtissinnen landesfürstlich bestimmte Territorien regierten. So etwas gab es streng genommen nur in diesem Reich (ansonsten noch mit dem „Kirchenstaat" in und um Rom). Auf dem und am Untersberg sowie westlich und östlich von ihm stießen das Erzstift Salzburg und die Fürstpropstei Berchtesgaden aneinander; die territoriale Berührung und Verknotung ging aber noch weiter, denn das kleine Berchtesgadener Land war fast zur Gänze vom Salzburger Land (Pinzgau, Pongau, Tennengau) umklammert. Der Untersberg selbst bildete nicht die Grenze zwischen Berchtesgaden und Salzburg (wie etwa der Hohe Staufen diejenige zwischen Baiern und Salzburg);

vielmehr verlief (verläuft) die Grenze quer über ihn, teilt ihn in zwei ziemlich gleichberechtigte Hälften, ja „Throne".

Der Untersberg also zur Gänze – wenn auch gespalten – in geistlich-fürstlichen, also Heilig-Römischen Händen, war ein Ort radikaler Verdichtung des Heilig-Römischen mit seinem inneren Pluralismus und seiner internen Kriegsbereitschaft und somit ein richtiger Platz, ein Orthotop für die Figuren der Kaisersage, für die älteren Kaiser und die jüngeren, für die guten und die weniger guten. Für die Lagerung der Kaiser bis zu ihrer Wiederkunft – womöglich für alle Kaiser. Im Verhältnis zur sogenannten normalen Umwelt aber war er ein Heterotop, ein Sonderort: ein heterotopischer Orthotop.

Im Westen rückte ja ein anderes, ein nicht-geistliches, man könnte sagen, ein „normales" Territorium fast an den Untersberg heran (ohne ihn zu besteigen): Reichenhall, das im Mittelalter eine mächtige Bürgerstadt war, sich am Beginn der Neuzeit jedoch unter die Obhut des bairischen Herzogs gestellt hatte. Das Herzogtum Baiern, das zunächst flächendeckend auch die gesamte Untersberg-gegend einnahm, hat sich mit der Gründung und Förderung und Rangsteigerung der Kirche von Salzburg, dann mit der Gründung der päpstlich und kaiserlich privilegierten Propstei Berchtesgaden zwei andersartige Territorien eingebrockt – mit dem Untersberg als monumentalem und sichtbarem „Zwischen-Brocken". Während im gesamten Reich von den ungefähr 300 Reichsständen „nur" etwa ein Drittel geistliche waren, war das Verhältnis in dieser Gegend genau umgekehrt: zwei geistliche und ein weltliches Territorium.

Doch hat Reichenhall seinen spezifischen Anteil an der Untersberg-Geschichte. Die wichtigste und umfangreichste literarische Quelle der Untersberg-Sage, nämlich die annähernd 20 Handschriften und frühen Drucke der Lazarus-Geschichte situieren diese als eine reichenhallerische: Fünf Reichenhaller machen einen Ausflug auf den Untersberg. Der Pfleger muss vom Herzog ernannt sein, der Pfarrer wird nach Lage der Dinge ein zenonischer Augustiner-Chorherr sein, er wird jedoch „Stadtpfarrer" genannt, der Stadtschreiber und sein Diener sowie der andere Bürger verstärken den Eindruck, dass es sich beinahe um eine Reichenhaller „Delegation" handelt, die sich da auf fremdes Territorium begibt, welches ganz und gar auf Nord und Süd, Salzburg und Berchtesgaden, ausgerichtet ist: Die Reichenhaller stoßen auf diesem sonderbaren geistlichen, extrem heilig-römischen Doppelterritorium auf die geheimnisvolle silberne Inschrift. Der Geringste unter ihnen gerät in die noch extremere innerbergische Klosterwelt hinein und wird dort mit Visionen und Weissagungen konfrontiert, die im Kern die biblische Naherwartung, das heißt, Weltuntergangserwartung für das 16. oder aber das 18. Jahrhundert fortschreiben, ergänzt durch eine bestimmte Mitwirkung eines wiederkehrenden Kaisers.

Es wurde schon angedeutet, dass die unendlich wuchernden Transkriptionen und Variationen der geheimnisvollen Inschrift ein eigenes Feld auftun, und jetzt können wir mutmaßen, dass diese Streuung sowohl ähnlicher wie auch unähnlicher Umschriften *en miniature* auf den breiten und polyglotten und chaotischen Strom der apokalyptischen Weissagungstexte aus Antike und Mittelalter antworten mag. Lassen sich die rätselhaften Untersberger Inschriften in das Schriftwesen, in die Geheimschriftkultur der frühen Neuzeit einordnen, die von der Alchemie bis zur Kabbala, von der fünfbuchstabigen Devise Kaiser Friedrichs III. bis zur Licht- und Schriftvision des rembrandtschen Faust reicht – oder zum *hieroglyphice scribere* der Renaissance-Hermeneutik?[56] Während die offizielle Bedeutung der Lazarus-Mitteilungen den Weltuntergang festzuschreiben scheint, läuft unser eigenes „Wassein" und unsere Bestimmung zu erkennen; studieren, lehren, die Künste, das heißt, die Wissenschaften, pflegen.[57] Die Inschrift, die erst im Jahr 1990 aufgedeckt worden ist, ist wohl vollkommen erhalten und lesbar, obgleich ihr Anblick den Eindruck von partieller Zerstörung, nur fleckenhafter Erscheinung, erweckt.

Einwohner des Untersbergs | Wer, wenn nicht H.C. Artmann, weiß wie die Innenbewohner des Untersbergs aussehen: *von zartem blau, schön wie ungeborene sonne, liebenswürdig, unberechenbar, hässlich wie schreckliche schlangenwurzeln, hilfreich, sinnlich bis zum exzeß, den wissenschaften gewogen, durchsichtig geisterhaft wie irrwische, nicht greifbar, warm wie haut und blut eines menschen oder tieres, leicht wie rauch im wind, schwer wie ungeseigertes silber, winzigklein, moosrosenäugig, durch wände und schlüfte des berges bis an die sterne ragend, abgründig bösartig, makellos wie kristall oder schnell wie planeten im all des staubkorns.*

---

doch die Vermehrung der Handschriften im 18. Jahrhundert, das Weiterwuchern der Inskription in den Texten und ihr weiteres Weiterwuchern in den Bildern auf etwas anderes hinaus: das Weiterschreiben der Leute und folglich das Weiterlaufen der Welt.

Gegenüber dem offiziell eschatologischen Inschriftenwesen der Lazarus-Geschichte hat Reichenhall ganz synchron, nämlich im 16. Jahrhundert, auch eine schlichte Alternative hervorgebracht: eine von vornherein ganz andere Inschrift, die im herzoglichen Schloss Gruttenstein, dem Amtssitz des Pflegers und Salzmeisters, angebracht worden ist über zwei mal drei Meter in feiner Secco-Malerei ausgeführte große lateinische Buchstaben, in 17 Zeilen angeordnet ein lateinischer Text, der in imperativischem Ton eine große Empfehlung ausspricht und den Weg zur Tugend erläutert. Dieser bestehe in der Anstrengung der Erkenntnis: die Ursachen der Dinge, Auch hier also ein gewisses Spiel zwischen Verdeckung, Unlesbarkeit und Offenbarkeit und außerdem sogar im strengen Ton eine Nähe zum Anti-Hedonismus der Lazarus-Mitteilungen. Und doch ein ganz anderes Programm: statt warnender und drohender *Endzeit-Weissagung* ein Aufruf zur tätigen *Weisheitsliebe,* die jeder selber ins Werk setzen könne. Und während die sagenhafte Untersberger Inschrift in über zehn sehr unterschiedlichen Transkriptionen „überliefert" ist, bietet die Gruttenstein-Inschrift einen auf andere Weise heterogenen Text: einen Zusammenschnitt aus sechs antiken, wohlgemerkt „heidnischen" Schriften – von Hesiod bis Seneca. Wahrlich eine Gegen-Inschrift, welche den Eindruck bestätigt, dass Reichenhall „neben" dem Untersberg liegt und von dieser Position aus den komplexesten, weil auch kryptografischen, ja telegrafischen literarischen Beitrag zum Untersberg angestoßen hat.

Kunstgeschichte

Am Ende des 18. und noch am Beginn des 19. Jahrhunderts war Salzburg ein Eldorado der Wissenschaft, wo mehrere Koryphäen der Naturwissenschaften die moderne „Entdeckung" der Landschaft und der Alpen vorantrieben, nicht wenige Erstbesteigungen durchführten oder planten. Es gab sogar einen regelrechten Wissenschaftstourismus in Richtung Salzburg, der zunächst ökonomisch motiviert war: Alexander von Humboldt (1769–1859) kam im Auftrag des preußischen Bergdienstes nach Salzburg, um die Halleiner Saline zu studieren. Später zog ihn die berühmte Bibliothek des Ehrenbert von Moll (1760–1838) her. Salzburger Schriftsteller verfassten landeskundliche Bücher, die zuerst kameralistisch-naturwissenschaftlich, später ästhetisierend-romantisch angelegt waren.[58] Um 1800 war der Untersberg auch ein beliebtes Motiv für Grafiker und Maler – er konnte sich als Bildmotiv in der Konkurrenz mit Watzmann, Hohem Göll und Hohem Staufen einigermaßen halten. 1811 reiste der Berliner Architekt und Maler Karl Friedrich Schinkel (1781–1841) nach Salzburg und Berchtesgaden. Um 1815 kam ein ganzer Trupp von Malern aus dem Norden und Westen, es waren die Nazarener, um die Berge der Gegend festzuhalten – bevorzugt von Aigen, vom Kapuzinerberg, vom Plainberg aus.[59]

Edler Berg | Ein bekannter Bergsteiger, Karl Hofmann, schrieb einst in einem der Monatshefte *Der Alpenfreund* am Ausgang des 19. Jahrhunderts über den Untersberg: *Der Riesenblock des Untersbergs scheint vom Schöpfer der Erde als Warte hingesetzt zu sein, um von da das schöne berchtesgadener Ländchen in seine innersten Fugen überblicken zu können. Unter den beiden Rivalen seiner Spitzen, Berchtesgadener und Salzburger Hochthron, verdient letzterer den Vorzug.*

Eine intensive bildnerische Zuwendung wurde dem Untersberg dann im späten

20. Jahrhundert aus Amerika zuteil: Jim Dine (*1935) kam über die Münchner Glyptothek nach Salzburg, wo er 1993 an der Internationalen Sommerakademie auf der Festung Hohensalzburg lehrte.[60] Dort bekam er einen Erker des Geyerturms als Sonderatelier zugewiesen, um sich ganz direkt mit dem Untersberg zu konfrontieren. Im Sommer 1994 rückte er ihm noch näher und zog in den Lehrbauhof bei Glanegg, unmittelbar am Fuß des Berges. Für seine Bilder wählt er Papiere oder Leinwände die 120 bis 250 cm hoch und weniger breit sind. In dieses Hochformat zwängte er das nach Norden gerichtete dreieckig-pyramidale Antlitz des Untersbergs, beidseitig beschnitten, hinein. Wiederholungstäterisch bearbeitete er immerzu diesen Bildausschnitt mit der hellen Spitze des Geierecks, die an den oberen Rand stößt und wie ein Riesenvogelkopf zwischen zwei Schultern oder Flügelansätzen wirkt, über dem dunkel abstürzenden Felsenmassiv. Unermüdliche Porträtierungen ein und desselben Individuums – zu immer wieder anderen Tag- und Nachtzeiten, Witterungen, kosmischen Stimmungen. Im unteren Bildfeld fast immer mit großen Buchstaben der Name des porträtierten UNTERSBERG darübergeschrieben, hineingeschrieben. So wird das Inschriftenwesen des Untersbergs von diesem Amerikaner, der ein Kollege von Cy Twombly (1928–2011), Anselm Kiefer (*1945), William Kentridge (*1955) ist, weitergetrieben. Manchmal ist der Schriftzug gut zu lesen, manchmal weniger gut; einmal lautet er anscheinend UNTERSBURG – womit entweder die Stadt Salzburg einbezogen wird oder aber das Aufragen der Unterwelt benannt wird. Manchmal verlieren sich die Buchstaben in den Schatten und Spalten des Felsens, die mit demselben Griffel oder Pinsel gemeißelt oder gemalt sind. Oder es werden zur Bezeichnung, zur Individualisierung des Berges oder seiner Schicksale andere Zeichen eingesetzt: Schwarzer Rabe, roter Blutfleck; oder echte Dinge, Arbeitsgeräte werden in die Leinwand gerammt oder in den Keilrahmen geschlagen: Axt, Hammer, Schere, Stichel, Pinsel … So ist der Untersberg malerisch, zeichnerisch und schreiberisch, epigrafisch, stenografisch und kryptografisch porträtiert, einmal mehr individualisiert worden.[61]

Riedenburger Majoliken | Geschirr aus Untersberger Erde. Erde von den *Röttelacken unter dem Plainberg und von einer Grube gleich oberhalb Grödig* diente der Herstellung des Riedenburger Weißgeschirres, das Paten vornehmlich ihren Patenkindern zur Hochzeit schenkten. Den Beginn setzte ein gewisser Jakob Michael Moser (1736 – ca. 1770), seine Majoliken waren bevorzugt in Kobaltblau bis violett-schwarz glasiert oder bemalt. Gelb, so erzählt ein Befund von 1892, *kommt bei Moser nur sehr sparsam verwendet vor und grün konnte an bisher sichergestellten Stücken noch gar nicht nachgewiesen werden.* Der Enkel Mosers soll ein miserabler Hafner gewesen sein, der auf diese Weise die Firma dem Untergang preisgegeben habe.

Die Literatur des 19. Jahrhunderts hat sich nur wenig auf den Untersberg eingelassen. Wirklich bemerkenswert sind zwei Gedichte, auch wegen ihrer Autoren. *Der Birnbaum auf dem Walserfeld* (1836) von Adelbert von Chamisso (1781–1838), dem französisch-preußischen Dichter, Botaniker und Geografen, Freund Alexander von Humboldts. Dass dieser so weit entfernte Schriftsteller überhaupt auf die Untersberg-Sage gekommen ist, erscheint merkwürdig. Anders der andere Autor: der schon genannte König Ludwig I., bis zu seinem Tod Besitzer des Untersberger Marmors. Sein Gedicht *Der Untersberg* leitet behutsam von der äußeren Erscheinung des Berges über seine Innereien zu der einen Sage und dann zur anderen, die keineswegs irgendeinen Triumph prophezeien, sondern ausdrücklich das Ende der Welt. Diese mehr kosmologische denn politische Apokalyptik widerspricht durchaus der im 19. Jahrhundert aufgekommenen und im 20. Jahrhundert selbstverständlich gewordenen, auch von den Nationalsozialisten übernommenen Wunschprojektion eines definitiven optimalen politischen Reiches.[62]

Das Schloss Leopoldskron, das zwischen der Stadt und dem Berg liegt, ist im Brixener Druck mitsamt seinem Erbauer, dem Fürsterzbischof Leopold Firmian, in eine kleinere Untersberg-Sage aufgenommen worden.[63] Im 19. Jahrhundert hat (der ehemalige) König Ludwig das Schloss erworben und zeitweise bewohnt, auch auf diese Weise seine Nähe zum Untersberg aufrechterhaltend.

Einige Jahrzehnte später: Ankauf des Schlosses Leopoldskron durch den Theatermacher Max Reinhardt (1873–1940) im Jahr 1918, womit sich dieser einen Kindheitstraum erfüllte. Damals hatte er bereits die Uraufführung des Mysterienspiels *Jedermann* von Hugo von Hofmannsthal (1874–1929) sowie der Oper *Der Rosenkavalier* von Hofmannsthal und Richard Strauss (1864–1949) inszeniert und so das personelle und künstlerische Dispositiv zur Gründung der Salzburger Festspiele geschaffen, die 1920 zum ersten Mal durchgeführt wurden.

Die Gründung dieser Festspiele folgte einerseits dem Vorbild der von Richard Wagner erfundenen und organisierten Bayreuther Festspiele; andererseits wurden die Salzburger Festspiele von Anfang an als Gegenentwurf zu der Bayreuther Monomanie konzipiert, wobei auch die geografische Lage von Salzburg mitsamt den dieser Stadt zugeschriebenen kulturellen Traditionen ins Treffen geführt wurde: die Situierung zwischen Österreich und Bayern, die mittelalterliche sowie barocke, also dominant katholische Prägung der Stadt.[64] Elemente, die auch den Boden und das Umfeld für die barocke Version der Untersberger Kaisersage gebildet hatten.[65]

Anfang der Zwanzigerjahre gab es Hetzen gegen die „jüdischen Sommerfrischler" Hofmannsthal und Reinhardt (deren Werke von 1938 bis 1945 vollkommen eliminiert wurden).[66] Seit 1945 verläuft die Geschichte der Salzburger Festspiele so erfolgreich, dass man nur wenig übertreibt, wenn man sagt, im August werde Salzburg zur Hauptstadt der Welt.

Weit weg von solchen „hochkulturellen" Performanzen spielt sich im Jahr 1971 das letzte literarische Ereignis innerhalb der Kunstgeschichte des Untersbergs ab. Im hintersten Winkel des Landes Salzburg, nämlich im Lungau, und in einem der kleinsten Orte desselben, nämlich in Thomatal, hatte sich der Pfarrer dieses Ortes, Valentin Pfeifenberger (1914–2004), einige Jahrzehnte lang, ungefähr seit 1945, mit dem Untersberg, mit seinen Ein- und

Anwohnern, den Zwergen, den Riesen, den Raben, mit den Liedern und Büchern um ihn herum beschäftigt, und 1971 gab er ein Theaterstück heraus: *Im Untersberg. Entwurf zu einem Zeitrusticale* (Tamsweg 1973). Und jedes Jahr am 15. August führte er das Theater mit den Schulkindern von Thomatal dort auf.

Der Text des Stückes ist noch viel aufgesplitterter, als es Dramentexte ohnehin sind, und setzt mit Hinweisen auf verschiedene politische Tatsachen der Gegenwart

Römischen Reiches: Zerspaltung in West- und Ostrom, welche das gegenwärtige globale (und katechontische) Kondominium zweier Supermächte vorwegnehme, das allerdings über ein durch „sein nationales Sondierungssystem" geschwächtes Europa hinweggehe.[68] Das eigene Theaterstück sollte nach den USA gesandt werden und „On Broadway" aufgeführt werden – welche Ambition direkt an Max Reinhardt anschließt, der auch dort mit dem neomittelalterlichen Bühnenwerk *Das Mirakel* von Karl Gustav Vollmöller (1878–1948) Erfolg hatte.[69]

GROSS(er)SchauspielerGMAIN | Maria Lactans oder Marienbrunnen. Erotische Geste der heiligen Jungfrau Maria, die ihre Brüste mitten auf dem freien Platz vor der Kirche vorsichtig in Händen hält und aus denen zur warmen Jahreszeit Wasser in einem sinnlichen Bogen strömt. Im Sommer lässt sich eine Besichtigung der erotischen Maria mit einem Besuch der Gräber des Schauspielers Josef Meinrad oder Cesar Bresgens, des Erfinders der nationalsozialistischen *Spielscharen*, verbinden. Der ikonografische Sinn des Strahles, in diesem Falle des sommerlichen Wasserstrahles aus den Brüsten der Maria ist nichts anderes als die Aufnahme in die Kirche, die Segnung durch die Kirche. Trinkt man von diesem marianischen Wasserstrahl, so ist man in die Gemeinschaft der Kirche aufgenommen.

---

ein: Foto vom Besuch des sowjetischen Staatspräsidenten Nikolai Podgornyi (1903–1983) 1966 in Wien (und näherhin bei der Reichskrone in der Schatzkammer); 1961 Gipfeltreffen zwischen Nikita Chruschtschow (1894–1971) und John F. Kennedy (1917–1963) in Wien. Zeichnung mit Nennung der acht Kinder des letzten österreichischen Kaisers Karl I. (1887–1922), womit der Verfasser seiner Überzeugung Ausdruck verleiht, dass jener Kaiser nach dem Ende des Heiligen Römischen Reiches im Jahr 1806 zumindest offiziös die Rolle des *Katechon*, des Aufhalters oder „Hemmschuhs", die im Buch oft erwähnt wird, weitergeführt habe.[67] Sodann folgt ein Exkurs über die Gesamtgeschichte des

Im „Vorwort zur Jahrtausendwende" erklärt der Verfasser, die Funktion des Römischen Reiches und des Römischen Kaisers als „Hemmschuh" habe sich im gläubigen Volk durch die Jahrhunderte hindurch gehalten, und vor diesem Hintergrund wolle er die Sage neu beleben, theatralisch aufgelockert durch den „Salzburger Hanswurst" und seine Gefährtin „Pudlpudl".[70] Es taucht die Frage auf, ob Amerika „draus etwas machen" werde (scil. aus dem Theaterstück).[71] 1971 kommt die Nachricht vom Tod Nikita Chruschtschows.[72]

Inhalt des Stücks: Beginn der Thomasnacht. Hanswurst, Pudlpudl und andere gehen bäuerlichen Tätigkeiten oder Liebeshändeln nach, singen Lieder, sprechen Gebete.[73] Dann ein langer Brief von dem Mönch Zosimus, vordem Ritter Kunz Rosenmund, der erzählt, wie er beim „Hallerturm" (offensichtlich an der Westseite des Unterbergs) einem Mönch begegnet sei, der ihm den Berg aufgesperrt habe, wo sich ihm eine andere Welt aufgetan, ein Flammenmeer, dann schlafende gepanzerte Riesen, ein schlafender Fürst, Schlachtenlärm. Der Mönch führte ihn davon weg und hin zu einem Kloster mit vielen psalmodierenden Mönchen, dann eine Lesung. Das einzige, was Zosimus, dortselbst Mönch geworden, verraten darf, ist: er hat den schlafenden „Kaiser Friedrich (Friedreich)" gesehen.[74] Dann der Friedhof von St. Peter mit einem laut spekulierenden Mönch: Im Hintergrund erscheint der Kaiser, davor ein Weinfuhrmann, ein „Kuahbua", ein Melcher und „Lazarus, Stadtschreiber von Reichenhall". Die vier berichten von ihrem jeweiligen Eintritt in den Berg; Lazarus verblüfft durch den Spruch, den er nachspricht und der in Pfeifenbergers Text als „S.V.R.G.E.I.S.A.T.O.M." erscheint. Diese Version unterscheidet sich leicht von allen bisher gesehenen. Am nächsten steht sie der Kartuschen-Inschrift von HS 1295 und der silbernen Felseninschrift bei Maßmann, mit denen sie die letzten vier Buchstaben „SATOM" gemeinsam hat. Lateinisch lesen lässt sich die Buchstabenfolge jedoch nicht. Da bei Pfeifenberger die fünf Finger der Hand und ihre Zuordnung zu den fünf Vokalen (die wiederum bei Kaiser Friedrich III. als Signatur-Inschrift figurieren) eine Rolle spielen, könnte seine Lazarus-Inschrift-Version darauf beruhen, dass sie alle fünf Vokale enthält.[75] Der Spruch bewirkt immerhin, dass der Kaiser für kurze Zeit aufwacht. Während eines folgenden Reigens werden die Buchstaben R...O...M ausgesprochen, aber auch SVRGEISATOM.[76] Der Kaiser mit der Reichskrone auf dem Haupt, umgeben von weltlichen Fürsten. Dahinter ein Thron, auf dem einer mit der Mithras-Krone sitzt, rundherum Herren in Frack und Zylinder: Demokratien. Der Tod tanzt die Fürsten zu Tode. Die Prinzessin fragt den Kaiser, ob er wache, fordert ihn auf zu wachen.[77] Es folgt eine Abschrift des weißenbachschen Sagen-Gedichts, also der vollkommen säkularisierten, dafür aber erotisierten Version (Prinz und Teutonia).[78] Ein Hexenmeister kann mit seinen Sprüchen die „verzückte Armee" herbeirufen, die zur letzten Schlacht zu marschieren scheint. Dann ein Bericht vom Eintritt eines Mönches mit zwei Zwergen in den Untersberg, dessen Inneres als riesiger Dom erscheint, in dem anstatt aller Altäre nur ein riesenhaftes Kruzifix steht, daneben Johannes und Maria, dahinter ein Drache, dessen Haupt zertreten ist. Die Rede ist von der antichristlichen Französischen Revolution und von ähnlichen Gefahren, die Salzburg und Österreich drohen. Jetzt wird der Kaiser bei seinem Namen „Karl" angerufen und angefleht.[79] Der Priester vollzieht die Heilige Wandlung und Kommunion, fügt aber einige

---

Vaterländische Geschichte | Der Untersberg war lange Zeit Ort vaterländisch-patriotischer Mythologie, galt doch der dort im inneren Berg schlafende Kaiser Karl als *Held und Heiliger des deutschen Reiches, der Urquell aller Gesetzgebung und Rechtspflege*, wie Ludwig Uhland, der deutsche Dichter, einst befand.

---

zusätzliche lateinische Worte aus dem Zweiten Thessalonicherbrief ein, die von der Aufhaltung des Antichrist durch den Katechon sprechen. Ein sogenannter „Einschreier" verkündet, dass sich die Domtore auf eine liebliche Landschaft öffnen und dass in einem Palast der alte aber noch sehr rüstige Kaiser Karl thront, hier als „Urbild deutscher Vollkraft"[80] bezeichnet. Lied der Raben, Lied der Zwerge – von der Schlacht, die bevorsteht. Klage des Mönchs über die „Los-von-Rom-Bewegung" – hier und jetzt. Der Kaiser fragt, ob er jetzt mit seiner Macht eingreifen soll, gibt selbst eine negative Antwort: „Erst wenn sich die Menschen selber helfen/Wird der Himmel ihnen Hilfe leihen …"[81]

Man redet vom Bau der Untersberg-Seilbahn, vom neuen Festspielhaus, von der Wiederherstellung des im Zweiten Weltkrieg zerstörten Doms in Salzburg. Die Arbeiter vom Seilbahnbau erlauben sich einen Scherz mit dem Hanswurst, der immer noch an den Kaiser im Berg glaubt: Sie wollen einen da fängt der Kaiser vor ihm an, lateinische Brocken herauszustoßen: vom neuen Rom, vom alten Rom, von der Teilung des Reiches, von seiner Aufhalter-Rolle und von seiner Hinwegräumung …[82]

Auseinandersetzung zwischen den heidnischen Babyloniern und den exilierten Israeliten. Großer Reigen und Gesang der Dämonen – es erscheint die Unbesiegte Sonne als das ATOM. Es erscheinen nacheinander acht große „O", in die jeweils ein Wort eingeschrieben ist, dazu lateinische und deutsche Texte und Tanz, der immer schneller wird und sich in Chaos auflöst.[83] Der Papst, der Kaiser, die Kaiserin, sieben Kinder treten auf. Abwechselnd sprechend tragen sie in lateinischer Sprache die Dogmen des Christentums vor, dann drei große „O" mit lateinischen und deutschen Gesängen. Die Spieler des Unterberglertheaters ziehen zur Christmette in den Salzburger Dom ein, zuletzt Papst, Kaiser und Kaiserin. Krönung der Kaiserin.[84] Zosimus bittet seinen Abt, vor seinem

---

Seilbahn | April 1961 | Erste Fahrt mit Fahrgästen in der Gondel. Gebaut wurde unter größten Anstrengungen. Geübte Kletterer und naturfeste Arbeiter waren gefragt. Übernachtet wurde im Freien beziehungsweise in Biwaks. Eine ursprüngliche Planung hätte deutsches Gebiet überfahren, was angesichts der schwierigen Nachkriegsverhältnisse zwischen Deutschland und Österreich sowie den allgemeinen politischen Verhältnissen der damaligen Zeit die Verwirklichung verhinderte. Offiziell eröffnet wurde im Mai 1961, mitten im Kalten Krieg.

„Pappendeckelkaiser" basteln und ihm damit ein Theater vorspielen, um ihn zum Narren zu halten. Hanswurst kommt vorzeitig, erkennt sofort den Schabernack, bastelt an dem unfertigen Kaiser weiter – da ertönt der Schrei „Weh, o Waffen!", wieder und wieder. Hanswurst fürchtet sich, spricht ein ganz persönliches sehr dialektiges Gebet – Lebenende noch einmal seine einstige Braut sehen zu dürfen, die jetzt als Nonne im Untersberg lebt. Chorgebet der Nonnen mit Meditationen zum Hohen Lied der Liebe. Sterbelied.[85]

Verzweiflungslied der Pudlpudl. Neidhart liegt im Sterben, Hanswurst, verkleidet, kommt zu ihm und möchte ihn mit seinem Beten trösten, Kampf zwischen dem Teufel und dem Mönch. Hanswurst nimmt seinen Abschied. Damit ist das Stück – am das Lateinische Kaiserreich. Sie setzen sich möglichst viele Kronen auf, aufeinander und durcheinander, auch die Dornenkrone der kaiserlosen Zeit ...[88]

Heilige Orte | Geheiligte Menschen | In der Wallfahrtskirche Maria Ettenberg trifft der Wanderer, so er sich die Mühe macht, in die Kirche zu gehen und nicht nur ins gegenüberliegende Wirtshaus (das bezeichnenderweise *MesnerWirt* heißt), auf eine imposante Figur, einen ganz speziellen Wanderer. Ein viereinhalb Meter großer, aus einem Stück Holz geschnitzter heiliger Christophorus steht dort auf seinen sehr schlanken, fast weiblichen Beinen in dem spätbarocken Kirchlein. Das Jesulein hockt auf seinen Schultern und hält ihn zärtlich an den Haaren fest. Neben dem großen Heiligen befindet sich in der Kirche als Besonderheit in Altarnähe noch ein Bombensplitter, der Ettenberg als sogenannter Irrläufer im April 1945 getroffen haben soll, jedoch keinen größeren Schaden anrichtete.

21. Dezember 1962 – abgeschlossen. Es geht aber gleich weiter, weil Ritter Kunz und Fräulein Kundigund auferstanden sind und sich, die Heilige Krone tragend, umarmen. Daraus wächst die Blaue Blume empor, die der Hanswurst mit seinem Hut zudeckt.[86]

Historische Betrachtungen zur Genealogie, zur Souveränität, zum Ende des Heiligen Römischen Reiches und zum Beginn der Globalisierung durch die Kolonialreiche. Briefe an Dr. Otto von Habsburg, der im Jahr 1961 seine Loyalitätserklärung gegenüber der Republik abgegeben hatte.[87]

Beginn des Zweiten Teils der Johannisnacht (Sommersonnenwende). Goldschmiedgesellen sollen ihr Meisterstück machen, zuerst müssen die abgelegten Königskronen eingeschmolzen werden. Unterscheidung zwischen *Apyron* und *Apephton*. Hanswurst bringt ihnen die alten Kronen, Zepter und Kaiserkleider. 2. Geselle: „Da könnten wir noch Kaiser spielen, der Narr soll uns bekleiden." Sie spielen mit den Insignien der beiden Römischen Reiche. Dazu noch die russische großfürstliche Mütze – und

Hanswurst geht mit der Krone des Heiligen Römischen Reiches im Rucksack auf den Untersberg. Ein Mönch bietet ihm an, mit ihm in den Berg zu gehen, da könne er sehen, wie der Kaiser gänzlich weggeräumt werde. Brautbett der Tyrannis, die von ihrem übermächtigen Geschöpf ATOM träumt, das Zeus entmachten wird (Entgötterung der Naturkräfte). Dagegen der Mönch: das Menschengeschlecht wird seine Macht nicht missbrauchen; durch seinen Erfolg und seine Erkenntnis wird es tief gläubig werden und Gott anerkennen. Kaiser und Papst sagen, dass es zwei Kaiserinnen gibt: *Imperium* und *Sacerdotium*. Der Papst vollzieht die Heilige Wandlung. Sie verteilen Leib und Blut Christi. Mit dem Wort MARANATA endet die Messfeier.[89] Die Botschafter aller Völker empfangen vom Papst die Weisung, die zu Christus und zum Frieden führt. Auftritt des Hohepriesters der Juden. Kaiser und Papst unterhalten sich auf Lateinisch über das Geheimnis der Erfüllung der Zeit, die Bekehrung der Juden.[90]

Kampf zwischen den Luziferanern und den Engeln. Der Antichrist tritt hervor, lässt

IHS
MARANATHA

sich vom Teufel versuchen und gewinnen und treibt sein Unwesen – bis er selbst versinkt. Zuletzt ein „Schlussbild" von der Wiederkunft Christi und dem Gericht. Hanswurst kommt aus dem Berg hinaus und setzt sein Handwerk – Leinölpressen – fort.[91]

Pfeifenbergers Theaterstück[92] reduziert sich nicht monolithisch auf die Kaisersage (Schlaf des Kaisers, Heraustreten aus dem Berg und Entscheidungsschlacht auf dem Walserfeld), sondern es bezieht viele andere Figuren mit ein, die auch in älteren Sagenfassungen vorgekommen sind: insbesondere gewöhnliche Leute der Umgebung, Bauern, Arbeiter, Mönche, Frauen …

Überdies erweitert es den politischen Horizont, der sich seit dem Anfang des 19. Jahrhunderts auf Niedergang und Zukunftserwartung der deutschen Nation reduziert hatte. Die Erweiterung gewinnt den Horizont des „Römischen" zurück, der in allen Fassungen der Lazarusgeschichte selbstverständlich ist und sich in eine imperial-globale Dimension öffnet, sich aber gleichzeitig um eine bestimmte Gegend zentriert. Die politische Aussage des Pfeifenberger-Stücks zeichnet sich im spielerischen Umgang mit den unterschiedlichen Versionen der „Sage" ab (wie dies auch schon in Maßmanns Einleitung angedeutet war): Friedrich oder/und Karl, Hinzufügung der Kaiserin, direkte Einbeziehung des Papstes – womit zwar das „Heilig-Römische" in sein Recht gesetzt wird, gleichzeitig aber der Papst übermäßig „mobilisiert" wird. Pfeifenbergers Stück löst die ganze „Sage" tendenziell in Theaterspielerei auf. Eben deswegen ist es eindeutig der „Kunst" zuzuweisen – so wie Hofmannsthals und Reinhardts neomittelalterliche und neobarocke Spektakel.

Ungeachtet dessen ist seine politische Positionierung ernst gemeint. Und diese besteht in einer zwar verklausulierten, aber doch eindeutigen Absage an die „Sage", sofern diese die endzeitliche, eingreifende und rettende Wiederkunft irgendeines historischen Kaisers erwartet, prophezeit, herbeigewünscht hat. Gleichzeitig hält Pfeifenberger an der Wichtigkeit der Funktion fest, welche in der Spätantike dem römischen Kaiser (auch schon dem heidnischen) von christlicher Seite zugesprochen worden ist: die von Paulus angedeutete Funktion des Aufschubs, des Hinausschiebens des Antichrist, des Weltendes und der Wiederkunft Christi (!).

Der Kaiser soll zum Weiterbestand der Welt beitragen – und dafür auch die angeblich herbeigesehnte Wiederkunft des Herrn verzögern. Die christliche Prophezeiung oder Erwartung der Wiederkunft eines bestimmten Kaisers war ja ein Supplement zur Christus-Erwartung: eine Ergänzung der Eschatologie. Eine verständliche Ergänzung eigentlich nur unter der Voraussetzung, dass man vor der Wiederkunft Christi auch noch – oder wieder – einmal eine gute irdische Zeit haben wollte: schon in dieser berechtigten politischen Hoffnung liegt bereits eine gewisse Relativierung der Christus-Erwartung. Während er an der Christus-Wiederkunfts-Erwartung festhält, sieht er die Aufgabe des Kaisers doch in ihrer Hinausschiebung – und die kann und soll von irgendeiner imperialen Ordnung besorgt werden, natürlich von einer real existierenden: das kann auch eine bipolare, wie lange Zeit die west- und oströmische, zu seiner Zeit die amerikanisch-sowjetische, zu einer anderen Zeit eine andere oder andersartige sein.[93]

Erscheinungsdatum | Am 18. Dezember 2011 erscheint bei der Österreichischen Post AG, nach einem Entwurf von Hannes Margreiter, eine Weihnachtsbriefmarke mit dem Motiv „Madonna und Jesuskind aus der Barockkirche von Maria Plain". Auflagenhöhe: 3 624 000. Der Text der Österreichischen Post AG dazu lautet: *Weihnachten 2011 – Maria Plain Fünferstreifen. Ob ein ausführlicher Brief oder bloß ein paar kurze Grüße – Weihnachten ist die Zeit, um der Familie, Freunden, Bekannten und Geschäftspartnern zu zeigen, wie sehr man sich mit ihnen verbunden fühlt. Mit der neuen Weihnachts-Rollenmarke zaubern Sie besinnliche Stimmung auf Ihre Postsendung! Am Plainberg, der das Talbecken der Stadt Salzburg gegen Norden hin begrenzt, erhebt sich seit 1673 eine zweitürmige Barockkirche, von der aus sich das Panorama der Stadt vor der grandiosen Kulisse des Unterberges, des Tennen- und des Hagengebirges bis hin zum oberbayerischen Hügelland vor dem Betrachter ausbreitet. In diesem Gotteshaus befindet sich jenes Salzburger Marienheiligtum, das seit dem Immakulatatag 1652 bis heute nicht nachgelassen hat, dem gläubigen Volk eine „Trösterin der Betrübten", das „Heil der Kranken" und eine „Hilfe der Christen" – soweit die Madonnentitel aus der „Lauretanischen Litanei" – zu sein.* Der hier erwähnte *Immakulatatag* ist der Tag Maria Empfängnis, der 8. Dezember. Er ist in besonders katholischen Ländern wie Österreich, Liechtenstein, Italien gesetzlicher Feiertag.

Der Traditionsverband Infanterieregiment 59 Erzherzog Rainer aus Salzburg bestellt am 7. April 2011 bei der Österreichischen Post eine Briefmarke mit dem *Gebirgsjägerdenkmal Untersberg* in einer Auflage von 100 Stück.

In der Library of Princeton University, Germanic Seminary, befindet sich ein Exemplar *Bayerische Sagen* von H.F. Maßmann aus dem Jahr 1831. Dort schreibt der Sammler und Verfasser im Vorwort: *Alle vor frühern Jahren in Salzburg und Umgegend erschienenen Untersberg-Beschreibungen sind aber sehr selten geworden, und werden in Familien wie heilige Schätze aufbewahrt; auch nicht für große Münz weggeben.*

Diese fundamentale „politische" Kehrtwendung gegenüber der Kaiser-Wiederkunft begründet sich aus dem Vertrauen in das Funktionieren der Katechontik – auch nach dem Ende aller römischen Reiche, welches Vertrauen nach der Falsifikation aller bisherigen Weltuntergangs-Naherwartungen nicht von der Hand zu weisen ist. Nach Pfeifenberger ist es ein Element, eine mögliche Option innerhalb des theologischen Hintergrunds der Untersberg-Sage, welcher von Pfeifenberger ganz entschieden erneuert wird.[94]

Wenn Hugo von Hofmannsthal seine kulturpolitische Programmatik, die auch in die Konzeption der Salzburger Festspiele eingegangen ist, als „konservative Revolution" bezeichnet hat, welcher Begriff in der Folge sehr wirksam und auch umstritten war, so lässt sich Pfeifenbergers Untersberg-Stück, jedenfalls in seinem Verhältnis zur dominierenden nationalistischen oder säkular verharmlosenden Wendung der Untersberg-Sage, durchaus als Akt einer „katholischen Restauration" charakterisieren.[95]

Unter Berücksichtigung des Autors, der katholischer Priester und Pfarrer (und zwar vorkonziliarer) war, scheint das nichts Besonderes zu sein, aber der Abstand, den er damit gegenüber der heute geläufigen Version der Untersberg-Sage aufbaut, ist gewaltig. Dies kommt nicht nur in rein behauptenden oder postulierenden oder moralisierenden Aussagen zum Ausdruck, sondern in einem riesigen Apparat von lateinischen Texten, liturgischen Zeremonien, bildlichen Darstellungen (das Buch enthält viele Zeichnungen). Als Pfarrer ist Valentin Pfeifenberger ja auch dadurch bekannt geworden, dass er liturgische oder paraliturgische Bräuche, wie etwa den Eselsritt am Palmsonntag, regelmäßig praktiziert hat – obwohl sie eigentlich seit Fürsterzbischof Colloredo verboten sind. Schließlich zeichnet sich Pfeifenbergers Stück zudem durch eine reiche, ja wuchernde und in diesem Sinn „barocke" Artistik aus – im Gegensatz zur linearen Sagenversion des 19. und 20. Jahrhunderts. Bei Pfeifenberger finden sich ausgeklügelte Buchstabenspiele und Schrifträtsel, die an die Inschriften-Kultur der Lazarus-Geschichte anschließen, Tanzchoreografien, in denen sich musikalische und grafische Formerfindungen verschränken, Geometrie der Kronen zwischen Quadrat und Oktogon, Kompositionen aus Kronen und Blumen – und alles dies höchst spielerisch, unordentlich, heterogen zusammengestückelt. Eine Unordentlichkeit, die an den Dadaismus erinnert, insbesondere an denjenigen des Max Reinhardt-Schülers Hugo Ball (1886–1927), der sich allerdings vom Dadaismus trennen musste, um zu seinem offensichtlich ernst gemeinten „Byzantinismus" zu gelangen.[96] Valentin Pfeifenberger war lebenslänglich simultan Katholik, Pfarrer, Theatermacher: Hanswurst aus Zederhaus und um den Untersberg herum.[97]

Seine Absage an den Punkt der Kaisersage, der das Herauskommen des Kaisers herbeiwünscht – und damit entweder den Weltuntergang und das Jüngste Gericht einleitet oder aber die Errichtung eines angeblich optimalen Reiches, sein Insistieren auf der säkularen Aufrechterhaltung der imperial-katechontischen Funktion möge durch die Festigkeit des Berges selber bestätigt werden: Indem der Berg alle seine Hohlräume und eventuellen Einwohner fest umschließt, möge er selber katechontisch den Weiterbestand dieses Stücks der Erde und überhaupt der Erde stützen – gegen Vulkanausbrüche, Erdbeben und anderweitige Heraustretungen von unterirdischen Mächten.

Der Dadaismus der Lazarus-Literatur unterstutzt ihn dabei.

Gangsteige

Bodo Hell

Drachenloch

Kienberg

folgt man also gleich dem ersten Forstweg rechts nach dem Grenzübergang *Hangender Stein,* auch als *Hangendenstein*-Pass bezeichnet, was in diesem Fall kein Höhenjoch ist, sondern eine leicht absperrbare TalSchmalstelle zwischen Berg und KönigsseeAche, welche auch *Almfluss* genannt wird, im Gegensatz zum *Almkanal,* der direkt beim ehemaligen Zollamt abzweigt (in jenem ominösen Frühjahr 1938 ist dort eine Salzburger Automobilistin, die Mühlenbesitzerin Frau Kommerzialrat Fanny Heilmayer, vom letzten niedergehenden Grenzbalken in ihrem Wagen erschlagen worden) und welcher Gebirgswasserkanal Richtung St. Leonhard erst zum Hauptfluss parallel und in der Folge weiter abseits Richtung Salzburg verläuft, folgt man also dem ersten Forstweg rechts ins wilddüstere Untersberg-Vorgelände hinein (einige Hundert Meter talaufwärts steht dann der 1252 erbaute **Zollturm/Paßthurm** als steinerner Rest einer einstigen Grenzbefestigung Berchtesgadens gegen Salzburg, mit Nagelfluhkreuz aus dem 13. Jahrhundert im Buschwerk davor), wenn man also diesen ersten Weg an der Stützmauer zurück in den bärlauchbestandenen Buchenwald einschlägt, stößt man nach der Querung einer ausgeschnittenen StromleitungsTrasse bald ans Ende der eindeutigen Fahrwege und könnte sich (durch Jungwald emporstrebend und dann einer Schlucht unter linksseitigen Felsen steil aufwärts folgend) an die über den Baumkronen verborgenen Abstürze der Ostausläufer des zerklüfteten Massivs herantasten und (aus dem Graben auf den rechten BegrenzungsRiedel ausweichend) oben entweder einen waghalsigen Durchstieg nach links auf die steilen Rasenflanken des *Kienbergkopfes* erkunden oder sicherer nach rechts durchs Laub an die Gelände- und Bewuchskante über einem Nebengraben mit Tiefblick nach St. Leonhard hinausqueren | dort drüben würde man etwa auf die halb umgesunkenen alten **Grenzsteine** Nr. 71 und 72 aus dem Jahr 1818 (das Erzbistum war dem Habsburgerreich inzwischen einverleibt worden) gestoßen sein, auf der einen Seite des Grenzsteins sind die Buchstaben K.K.OE.G. eingemeißelt, auf der anderen die Initialen K.B.G., also königlich bayerische Grenze

nimmt man allerdings erst den zweiten nächstmöglichen Weg von der Autostraße rechts ins Gelände, nämlich knapp vor der Brücke des *Weißbaches* (der quasi unbemerkt unter der breiten Fahrbahn samt doppeltem Radweg hindurchläuft), dann stößt man auch dort bald ans Ende einer geschotterten Forststraße, kann sich aber weiter oben diesem eleganten Fußpfad links hinaus hoch über den tosenden Schmelzwasserbachtobel anvertrauen und wird nach Überschreiten der 600-m-Höhenlinie gleich mit den lieblichsten Durchblicken in dieses versteckte Tal mit seinem kühnen FelsenrundAbschluss an den Ostflanken unter den eigentlichen tintenstrichgefärbten Gipfelaufbauten des Geierecks und Salzburger Hochthrons belohnt | heimelig-heimlich geht es auf diesem Trampelpfad weiter, bald wird nach rechts hinauf ein steiler möglicher Grasdurchstieg (ohne Pfad) sichtbar (weiter hinten im Tal geht es gewiss leichter), dann stapft man also unter felsigem HangGelände weiter taleinwärts, sieht auf einem FrühjahrsSchneerest (den es zu übersteigen gilt) und an den Schrofen dahinter einen braunen AltgrasTeppich liegen (wie im Vorjahr abgemäht, aber das wäre eine sehr mühsame SteigeisenVerrichtung, der sich wohl niemand, nicht einmal der besessenste Verfechter gepflegter Äsungsflächen fürs Wild unterziehen würde), dann steigt man verbreitert im Wald mit seiner Schattenvegetation von Farnen und grüner Bodenbedeckung weiter, und da könnte einem gar ein hiesiger Wanderer entgegengekommen sein und auf die Frage nach dem Woher/Wohin davon gesprochen haben, dass die Leute aus Grödig, die ihn ja täglich im Süden vor Augen haben, diesen Vorgipfel, von dem er jetzt herunterkomme, den *Keanbergkopf* nennen (ob es sich bei den Namensgebern um die markanten Rotkiefern für Kienspäne an Hang und Gipfel handelt, bleibt dabei unerwähnt, liegt aber nahe), die Abzweigung hinauf sei gut kenntlich, und dann ist man auch schon dorthin gelangt und sieht einen dünnen Thorstahlstab (oben gelb markiert) in einem kleinen Steinhaufen stecken (inzwischen verschwunden), auch die spärlichen Mauer- und Zimmerungsreste samt Türbeschlägen der eingefallenen *Kienbergalm* werden in sich eben aufrollenden Hirschzungen-Farnbüscheln sichtbar, da sind einige Baumstämme drübergestürzt und wo wäre denn die Weide fürs mögliche Weidevieh hier zu vermuten (dass Kühe etwa vom *Thorerhof* unten den schmalen Pfad da vor etlichen Jahrzehnten heraufgetrieben worden wären, mag man sich gar nicht vorstellen), auf jeden Fall hatte man hier wohl auch sommers Wasser ausreichend zur Verfügung (auf einem Stichweg aus dem Bachtobel heraufzutragen) | einen Verbindungsweg über den *Hochbartkopf* westlich auf der anderen ebenso steilen Talseite hinauf zur *Diensthütte* des Zolls und hinüber zum *Lochgraben* soll es gegeben haben

von hier nicht wahrnehmbar: wie die Lawinen im Laubbaumbestand des Talgrunds weiter drinnen winters gewütet haben, das wird man erst beim Tiefblick in den Talkessel vom Panoramaweg oben aus sehen können, nämlich so, dass alle Stämme in derselben Richtung bergab hingestreckt zu

Zollhäuser | Mit dem Einmarsch Hitlers in Österreich wurden die Zollhäuser zwischen den Ländern zu Herbergen der Hitlerjugend, kurz HJ, erklärt. Auch die auf dem Untersberg.

Wurzelwerk | Die Wurzelgräber am Untersberg hatten reiche Auswahl, und bereits im 19. Jahrhundert merkte der eine oder andere Botaniker an, die Wurzelgräber hätten bereits gewisse Pflanzen ausgerottet. Zu diesen zählte das im Volksmund so bezeichnete „Johanneshäuptl“, das auf den Wiesen der Glan wuchs. Das Johanneshäuptl ist als Gemeine Siegwurz bekannt oder *Gladiolus communis*. Die Menschen gaben den Pflanzen aus verschiedenen Gründen von den Botanikern losgelöst Namen. Jedenfalls gab es in der Gegend des Untersbergs Pflanzen wie das Schneekaterl (Frühlingsknotenblume, *Leucojum vernum*), die *Hundsbeere* (die gemeine Lonicere, *Lonicera xylosteum*), die Goldwurz (Feuerlilie, *Lilium bulbiferum*), den Goldenen Hühnerdarm (Roter Gauchheil, *Anagallis arvensis*), die Schneerose (Schwarze Nießwurz, *Helleborus niger*), Johanniskraut (durchlöchertes Hartheu, *Hypericum perforatum*), Kranabeth (gemeiner Wacholder, *Juniperus communis*), dieses kam vor allem am *Loiger- und Viehhauser-Eichet* vor. Weiters gibt es das Frauenschüchlein (Gemeiner Schottenklee, *Lotus corniculatus*), das auch den Sichelförmigen Schneckenklee, *Medicago falcata* so nannte. „Elfen“ nannten die Wurzelmenschen die Traubenkirsche, *Prunus padus*, die zahlreich an der Moosstraße an Hecken und Sträuchern wuchs. Mit Klaff meinte man den Zottigen Klappertopf oder *Rhinanthus alectorolophus*, Pollich und Felber nannten sie die Weiße Weide, *Salix alba*. Himmel-Sterndl wurde die zweiblättrige Meerzwiebel, *Scilla bifolia*, die in den Obstgärten vorkam, genannt. Zur Heidelbeere (*Vaccinium myrtillus*) sagten die Einheimischen „Niglbeere“. Diese verzeichnete man vor allem am *Ende der Moosstraße und bei den Kugelmühlen*. Sprach man von einem Ameisleiterl, dann meinte man die Zaunwicke, *Vicia sepium*.

liegen gekommen sind, als hätte sie jemand feinsäuberlich parallel gefällt und sie wären jetzt nur mehr zum Ausfliegen entsprechend zu bündeln (was da so alles an Bau- und Brennholz für immer verloren geht)

der extrem steile Grashang von den Hüttenresten der *Keanbergalm* rechts hinauf erweist sich auf dem ausgesetzten Trittband als ziemlich sicher und viel kräftesparender ersteigbar, als man es beim ersten Emporblick hätte vermuten können | abseits an der Borke einer Rotkiefer ist ein beschriftetes Holzkreuz angebracht, *in lieber Erinnerung an MARTINA MAGNUS *7. 11. 68, † 5. 2. 90, welche hier durch einen tragischen Unfall* (unleserlich) *auch die schönsten Stunden sind irgendwann Vergangenheit* (unleserlich) *unsterblich eingehüllt vom Hauch des Unendlichen* (was hat diese junge Frau Anfang Februar wohl hier heroben vorgehabt, allein oder in Begleitung, mit Schneeschuhen oder Skiern oder einfach gamaschenbewehrt stapfend) | bald wird eine durchsonnte **liebliche Wiesenschulter** und eine **scharfkantige Hochschneide** mit Tiefblick auf den Terrassenabbau der Zementfabrik Leube und mit bemerkenswertem Altbaumbestand erreicht (Mehlbeere, *Sorbus aria*, in Busch- und Baumform, aber auch einzeln stehende Schwarz- und RotkiefernIndividuen), so also sieht dieser jäh aufragende Wiesenbuckel, den man vom Tal her als irgendwie gangbar eingeschätzt hatte, jetzt heroben aus, und alle Pflanzen des nicht genützten Almsommers scheinen in dieser begünstigten Lage gleichzeitig erblüht, Quendel und Silberwurz (*Dryas octopetala*), Frauenspeik und Heckenkirsche (*Lonicera alpigena*), Schwalbenwurz (*Vincetoxicum hirundinaria*) und Sanikel/Zahnwurz (*Dentaria enneaphyllos*) sowieso nach steilen Wegstufen und Serpentinen stößt man oben am *Keanbergkopf* wieder auf (diesmal neuere) Granitprismen der bayerisch-österreichischen Grenze (mehrere solche mit der Nr. 69 und Unterziffer), und von einem Stichweg nach rechts kann man in Schrunden und Abstürze hinabblicken, durch die wohl nicht einmal mehr Gämsen heraufkommen können, aber schon findet man sich auf einer weiten Fläche aufatmend und unter alten Buchen geschützt wieder und hört von vorne einen Wasserfall hohl und in Stößen abgebrochen herüberhallen, auf dieser Höhe ungewöhnlich | nach kurzem Abstieg ist die kleine Senke erreicht, aus welcher zwei Steige am gegenüberliegenden Hang emporzuführen scheinen, einer links hinaus in die Sonnenflanke, sich immer mehr im Hang verlierend und oben mit alten Drahtseilversicherungen versehen, rechts hinüber etwas ungefährlicher ein Steig nahe der merkwürdigen Wasserrinne, wenig später unter einem trinkpraktischen **Kleinwasserfall** querend in den langgedehnten Quellgraben eines Bächleins hinein (ist dieses schon das eingezeichnete *Jägerbrünnl?*), bei dem man sich wundern könnte, dass es im brüchigen Kalk nicht schon viel weiter oben in irgendein Karstloch durchgefallen ist | es empfiehlt

---

Heiliger Berg | Untersberg. Vierzehn Kirchen zeugen von der katholischen Präsenz und dem Einfluss bischöflicher Macht. Rund um den Untersberg finden sich eine Reihe von Marien-Wallfahrten: Großgmain, Maria Gern im Norden von Berchtesgaden, Maria Kunterweg in der Ramsau bei Berchtesgaden, Maria Ettenberg bei Marktschellenberg. Noch heute findet am 15. August, dem höchsten Marienfeiertag, eine mehrtägige Wallfahrt statt.

WasserQuell | Jungfernbründl, Melkerbründl, Goldbrünnl und Gurn (Vierkaser) sind bekannte Quellen. Der Untersberg war für seine vielen Wasser bekannt und daher bei Höhenwanderern beliebt. Der Fürstenbrunn galt als die erquicklichste Quelle der Gegend. Die vielen Wasser hatten eine ganze erkleckliche Anzahl von Kugelmühlen zur Folge. Tag und Nacht sollen diese Mühlen in Bewegung gewesen sein und in Farbe und Größe unterschiedliche Marmorkugeln produziert haben. Auf bayrischer Seite bei der Almbachklamm, am Fuße des Wallfahrtsortes Maria Ettenberg, gibt es noch heute eine dieser Kugelmühlen. Im 18. Jahrhundert sollen um die fünfzig solcher Kugelmühlen in Betrieb gewesen sein. Die Quellfassung des Fürstenwassers für die Stadt Salzburg, im Jahr 1873 unter der Führung des Salzburger Bürgermeisters Dr. Harrer durchgeführt, erweckte durch die besondere architektonische Vornehmheit des Baus den Eindruck, es handele sich um ein Wasserschloss. Man befand, es passe daher nicht in die wilde Landschaft. Die Idee zum Ausbau einer Straßenbahn von Salzburg – Hallein in Richtung Drachenloch St. Leonhard wurde im Spätwinter des Jahres 1892 in der Salzburger Handels- und Gewerbekammer verhandelt. In der Generalversammlung des Berchtesgadener Alpenvereins im Frühjahr 1898 wurde die Erbauung eines Schutzhauses am Goldbrünnl genehmigt. Damit wäre, so war man der Meinung, der Übergang vom Salzburger zum Berchtesgadner Hochthron gewährleistet. Mit dem Bau dieser Schutzhütte galt der Untersberg als *ganz erschlossen*, so schrieb jedenfalls *Dillinger's Reisezeitung.*

sich, im weiteren unsicheren Wegverlauf über den rutschigen Laubboden dann und wann nach den unscheinbaren gelben Markierungsflecken an Steinen und Bäumen Ausschau zu halten, um sich Irr- und Umwege ins Latschendickicht oder an gefährliche Grate hinaus zu ersparen, und schon hat man nach einem Quergang rechts hinaus an der Kante einen neuerlichen FelsenDurchblick erreicht, diesmal zum *Neuhäuslgraben* ins Alm- und Salzachtal hinunter, vielleicht ist das ja schon jenes ominöse *Drachenloch,* dessen Steinbrücke am Pfingstmontag 1935 eingestürzt ist und das allein aufgrund seines Namens dem Dichter H.C. Artmann (in seiner Salzburger Zeit und vielleicht auch in der Folge) als Beweis für die Realexistenz von Drachen gedient haben soll

also bis hinauf unter den Schellenberger Sattel (welcher rechts oben verbleibt, da sich der Pfad bereits nach links gewendet hat) reicht auf dieser sonnigen Seite der Buchenlaubwald in prächtigen Exemplaren, ein Blick hinauf zur Toni-Lenz-Hütte wird zwischendurch frei, eine **Fünferkombination von alten Buchenstämmen** in Reihe bietet die Möglichkeit des Energieaufladens in einer ihrer Zwieseln, schließlich quert man den heiligen Hain nach links hinüber und erreicht (jetzt sogar wieder leicht abwärtssteigend) ein malerisches Feld von hingeworfenen Kalkblöcken, zwischen denen man sich gern niederließe | bergwärts sind die Hänge auch von niederliegenden Buchenbüschen bestanden, durch deren Gassen die eine oder andere ruhende Gämse herunteräugt, während bald von höher rechts oben und jetzt schon von hinten durchs niedrig bewachsene Schotterfeld der Weg (Nr. 462) vom Schellenberger Sattel heranführt, was in der Fortsetzung die weitere Richtung zur (ab Pfingsten geöffneten) Höhlenvereinshütte (mit den bisweilen überforderten Wirtsleuten) sowie zur Schellenberger Eishöhle respektive durch den gestuften Tunnel zur *Mittagsscharte* hinauf vorgibt

Fadererschneid

Vierkaser

zuallererst geht es um den nicht leicht zu findenden Einstieg zum auch so genannten *boarischen Jagasteig,* unweit vom Bahnübergang ***Hallthurm*** (jener ehemaligen TalAbsperrung mit erhaltenem Steingebäude als westlichem Pendant zum anderen Turm drüben vor Schellenberg an der KönigsseeAche, hier aber an einer Wasserscheide, jener zwischen Weißbach Richtung Reichenhall und Bischofswiesener Ache Richtung Bischofswiesen), ein Einstieg, der sich mehrmals entziehen könnte, zu einem Steig, der noch immer wenig begangen wird (wie man an der intakten Buchenlaubbedeckung sehen kann), während der abwärts asphaltierte Mozart-Radweg unten neben der kurvigen Autostraße gut angenommen ist | wichtig: man darf sich nicht darauf verlassen, dass der Anstieg, wenn man den Hang hinauf nur auf die Wände oben zusteuert, dann schon auf einen gut markierten Weg hinführen wird (wie er auf der unverlässlichen und irreführenden AusflugsKarte: *Trekking map Untersberg* als solcher eingezeichnet ist), vom grasigen Ende eines Forstweges, der vom Parkplatz Hallthurm leicht ansteigend (der steilere führt zu einer Salineneinrichtung) nach links hereinführt (wo bisweilen auch ein forstliches Dienstauto stehen kann), von dort ginge es rechts durch eine kurze trockene schotterige Bachrunse, die nicht sofort als Weg zu erkennen ist, hinauf | käme man aber von weiter unten her, etwa vom versteckten Parkplatz links oberhalb der StraßenKapelle nach der großen Kehre, dann hieße es, sich von vornherein rechts hinauf halten, denn verfolgte man eine andere SteigspurenRoute weiter links hinaus, gelangte man bald zu einem Jägersitz im Stangenwald und dann nur mehr auf Reh- und Gämsenpfade die unübersteigbare Wandstufe entlang, und man würde von dieser immer wieder abgedrängt und letztlich gar bis nach *Wolfschwang* hinuntergelenkt

der fein angelegte ehemalige Zöllnersteig unter der westlichen Grenzkante steil hinauf (es soll eine ausreichende Anzahl von Zöllnern gegeben haben, die bayerischen hier, die österreichischen drüben am *Hangendenstein*) setzt oben rechts an, verfolgt dann kurz die Wandstufe auf ihrer oberen Kante nach links und steigt gleich zügig an (die Querung des mayrmelnhofschen Umrundungsweges ist kaum zu erkennen), führt höher oben nach einer markanten Kehre (vorher noch Abstiegsmöglichkeit nach links zum Wolfschwanger Kreuz) in fein gezogenen Serpentinen die grasigen Hänge des Hochwalds hinauf (vereinzelt blaue Farbpfeile an Bäumen), stets so, dass man im Hang unter der Schneide bleibt (Grenzlinie Bayern/Österreich, die auch eine Wetter- und Vegetationsgrenze zu sein scheint, auch ein kurzer Durchgang zur nahen Kehre der neuen Forststraße und somit ein gemächlicher Auf- und Abstieg auf österreichischer Seite wäre möglich), bis schließlich ein markanter Felsblock mitten im lichten Wald erreicht ist, auf historischen Karten *Grosser Stain im Hag* genannt, auf welchem mehrere FriedensAppelle (wenn auch mittlerweile schlecht lesbar) und ein Yin-Yang-Kreis aufgemalt sind, *nur gemeinsam sind wir stark,* FRIED AUF ERD, es gibt eine Runenbuchstabenreihe und grünbunte Spiralen und Sterne | *nua a Stückei,* antworten die entgegenkommenden zwei Frauen auf die Frage, ob sie ganz oben gewesen seien | nach diesem **Friedensfelsen** wird der Steig deutlich schmäler, führt auch immer wieder in Bögen rechts hinaus in den Hang (links ginge eine verwachsene und jetzt verlegte Abzweigung zur mayrmelnhofschen Jägerhütte/ehedem *Mahdalm* hinüber | ältere Einheimische wüßten dazu vielleicht zu berichten, dass sich die beiden Dienstjäger gern zu einem Umtrunk über die Grenze hinweg zusammengefunden hätten und dass Weidmänner aufgrund der erzwungenen Untätigkeit am Ansitz und des rituellen WeidmannsheilTrinkens schon von Berufs wegen alkoholgefährdet seien) ist das verschindelte hohe Hüttchen mit Minibalkon an der Kante nach einem energischen Linksschwenk auf einer kleinen Geländeplattform erreicht (knapp darunter ginge unter einem markanten Felsen nach rechts leicht abwärts der kühne Verbindungssteig zur *ZehnkaserAlm* ab, siehe Kapitel Schmugglerroute), stellt sich sofort die Frage, wieso es von den umstürzenden Stämmen der letzten Sturmkatastrophe verschont geblieben ist, wo doch das kleine Aborthüttel daneben von und mit so einem Stamm mitten getroffen und in die Tiefe gerissen wurde, wobei sowieso die gesamte Kante hinauf Bäume entwurzelt über der Gehroute liegen (ein Ausweichen auf die Salzburger Seite verunmöglichend), ein Glück für das exponierte GrenzBauwerk war es wohl, dass da unmittelbar im Nordwesten keine Bäume mehr gestanden sind | erstmals öffnet sich jetzt die Aussicht ins Hügelland vorm *Hohen Staufen* mit der erkennbaren Linie der sogenannten **Reichsautobahn** (was einen gleich in diese historischen Zeiten samt ihren heute nicht mehr nachvollziehbaren damaligen Aufschwüngen versetzen könnte), doch in Anbetracht des fortgeschrittenen Tages und des drohenden Gewitterregens heißt es rasch weitergehen, der sogenannte *Jagerspitz* über der *Nagelwand* ist auf einem punktuell markierten Steinmandlwegerl rasch erreicht | man sieht in die Wandflanken hinein und wird unten im Wald vergeblich nach Steigspuren des vermuteten Verbindungsweges zur *Zehnkaser* hinüber Ausschau halten, den vormals die Großgmainer Bauern benützt haben, um schneller zu ihrem Vieh hinauf- und vor allem hinunter zu kommen als auf dem regulären Treibweg über *Reisenkaser* und vorbei am *Nierntalkopf* (womit sie sich zugleich den mühsamen Aufstieg zu *Vierkaser* und über

NUR
GEMEINSAM
SIND WIR
STARK!

den *Hirschanger* ersparen konnten), und da dann auch im Krummholzgelände immer wieder Fichten gestürzt quer liegen, bleibt man ohnehin besser auf der Grenzkante und kommt da auch an mehreren eingemeißelten **StaatsGrenzPunkten** (etwa Ö+B 58/20) vorbei, bis dann ein freier Durchgang nach links ins Almgelände oberhalb der alten Hüttstätten hinausführt und diejenige Markierung erreicht ist, welche am Plateau hinauf über *Ochsenkopf* und *Mitterberg* zum *Berchtesgadener Hochthron* oder rechts hinunter zur *Zehnkaser* führt (Frage: haben Sie sich den westlichsten Zipfel des dreieckigen Plateaus dieses KalkRandbergs so vorgestellt)

nach kurzem WasserleitungswegAbstieg zurück (die Rohrstücke soll ein Almbauer einzeln auf dem Rücken heraufgetragen haben) und vorbei an einem gewölbten dunklen Kaskeller in einer Grube mit jetzt offener, gepölzter Westöffnung, in die es Schnee hineingeweht hat, gelangt man zu den ehemaligen zwei Doppelkasern der *VierkaserAlm* (die aus dem 17. Jahrhundert stammen und eine nähere Betrachtung lohnen) | der eine Kaser (der Bauern *Steiner* und *Schaffer,* an Baron Mayr-Melnhof verkauft) liegt am Ende einer geschüsselten Tälchenreihe, nach den Steinmauerresten zu schließen von bedeutendem Ausmaß, drinnen im weiten Geviert hat sich der Ampfer mit seinen den Untergrund verschattenden Blättern schon massenhaft ausgebreitet, vom anderen Doppelkaser (der Großgmainer Höfe *Weißbacher* und *Dürnbauer,* die das AuftriebsRecht noch behalten haben und die Hütte wiedererrichten könnten, aber nur der Bauer selbst in Person und zu seiner eigenen Verwendung, angeblich ist das Auftriebsrecht unter König Ludwig I. auf

ewige Zeiten verbrieft worden, allerdings gehört einem kein Bauwerk, das nicht auf eigenem Grund und Boden steht), von diesem Doppelkaser sieht man noch südseitig Zimmerungsteile aufragen, sodass sich sogar die Raumanordnung erkennen lässt, über dem HerdRaum hat sich die *Hoß* befunden, wo die Almbesucher und Helfer in halber Höhe geschlafen haben, das sieht in seinem schräg verfallenen Zustand ziemlich schmal aus, die Sennerin war hinten drinnen und die Kühe konnten sich seitlich unterstellen (der schmale Schluf lässt sich bergseitig noch ausmachen, nach dem ursprünglichen Typus: UmadumStall) | von einem grünen Anger weiter drüben schaut das Kreuz der ***Sunnwendstatt*** an der Geländekante (1608 m) herüber, die tiefer gelegene *Klingeralm* mit der alten Jagd- und neuen Kapellenhütte (der alte Baron Mayr-Melnhof habe übrigens in halber Hanghöhe auf der gesamten Bergseite vom Reitsteig herüber einen von seinen Jägern angelegten Jagdsteig zur Verfügung gehabt, den nach ihm bekannten *Friedrichsteig,* wo er vor allem im Winter an den Spuren alles habe sehen können, was in seinem Revier vierbeinig und zweibeinig unterwegs war), dieses neue Unterkunftshaus (mit integriertem BetRaum) scheint von hier aus gesehen relativ nah zu liegen, hinter *Altalm* sowie *Grüntal,* und in Anbetracht des frischen Frühjahrsgrüns der steinigen Fluren böte sich jetzt Gelegenheit, sich den ehemaligen Weidebetrieb (1954/55 aufgelassen, die dann ausschließliche TalMilch wurde von da an den Milchhof geliefert) anschaulich vorzustellen, mit grasendem Rindvieh (wohl Pinzgauer Rasse der kleinwüchsigen Art), Galtvieh und Geißen weiter unten auf der steilen Waldweide und SennerinnenArbeit heroben fast rund um die Uhr (war ein Mädchen weggeheiratet, kam das zweite aus der Familie zur Almarbeit herauf und so fort) | beim Abstieg über den einstigen Viehweg mit teils ausgemeißelten Felsstufen (Richtung *Bruchhäusl*) kommt man bald am *HöllLoch* vorbei, einer Schluchttiefe, die ganz oben an der ausgemeißelten Felskante unter Grünerlen umgangen wird, und der Pfad führt dann schräg links steil und bei Regen rutschig hinunter zu den heraufziehenden Gräben, deren zwei sich 2009 als gefährliche Lawinenstriche erwiesen haben, die das gesamte Holzwerk ins Tal geschürft haben (das hat wohl ein Gebrüll und Gekrache abgegeben), wo es unrettbar verkeilt 70 Meter über den bewohnten Häusern liegengeblieben ist, und wenn das alles weggeräumt ist, bieten sich diese Striche als alljährliche neue Abfahrtsschneisen für Lawinen an, auch wenn einem das Einzugsgebiet oben auf den ersten Blick gar nicht so volumenreich erscheinen mag und obwohl dort inzwischen mächtige Staugitter aus Stahl in den Steilflanken verschraubt sind

noch bevor sich der markierte Weg weiter unten in einen steilen Graben nach rechts wendet, könnte man unter geborstenen Stämmen hindurchkriechend oder sie mühsam übersteigend wieder zur Grenzkante links hinausqueren und im steilen Grashang auf der bayerischen Seite zu dem dortigen ehemaligen Zöllnersteig mit seinen diversen kurzen Ausblicken auf die dramatischen Felsgipfel des *Lattengebirges* gegenüber zurückkehren (da heißt es jetzt also: Abstieg nach *Hallthurm* gleich wie Aufstieg, mit der mehrmaligen Zwischenfrage: sind wir da wirklich heraufgekommen?)

Grödiger Törl

von unten

auf den neueren Wanderkarten ist dieser schnelle Verbindungsweg aus der *Unteren Rositten* übers Grödiger Törl nach Grödig und St. Leonhard hinunter (das meint jenen scharfen GratEinschnitt im Felsrücken zwischen Gemeindeberg und Leonhardspitze, welcher von der Tauernautobahn im Bereich Kleeblatt Salzburg-Süd gut zu sehen ist) gar nicht mehr eingezeichnet, auch im Gelände selbst bleibt dieser Steig so gut wie unauffindbar, die ehemalige Serpentinenanlage durch den düsterwaldigen Steilhang ist verfallen, schon die Elterngeneration wusste von gefährlichen Situationen auf diesem Abstieg zu berichten, nämlich dass man ihn, von einem Bekannten mutwillig hineingetrieben, „sicher kein zweites Mal benützen" werde (zur indirekten Warnung steht auf einer FelsblockTafel am Weg durchs *Rosittental,* noch unter der sogenannten *Erste Rositten* über einem Wasserschloss, zu lesen: *Michael Topolschegg *6.6.1966, verunglückte am 26.10.1985 beim Grödiger Törl. Gott wollte es, A+Ω,* ob der 19-jährige Bursch einfach dort hinunter wollte oder sonstwie herumgeklettert ist, wird auf der Tafel nicht erwähnt)

obwohl von Forststraßen und einem Fitnessparcours hinter der sogenannten *Gossenleier* (dem Grödiger Hausfelsen mit seinem rot signalisierenden Mobilfunkmasten) und mehreren Stichwegen durchzogen, erscheint der dichte Mischwald zu Füßen der Felsabstürze des *Rosittental-*BegleitRuckens seltsam unzuganglich und düster, wobei der Schießstand und **Schießplatz** im Trinkwasserschutzgebiet das Seine (Unbefugten ist das Betreten verboten, hier wurden zwischen 1939 und 1945, wie der Gedenkstein vermerkt, Menschen hingerichtet, also Widerständler erschossen, als letztes NS-Opfer vom 8.3.45 ist der 25-jährige Bauernsohn Georg Kössner aus dem von der SS durchkämmten Goldegger Raum namentlich bekannt), also ein Übriges zur gefühlten Gefährlichkeit der Gegend beiträgt, schneidet die Anlage doch den logischen

Führungstab der Luftwaffe des Deutschen Bundesheeres | Der Untersberg beherbergt eine Radarstellung der Bundeswehr – auf deutscher Seite. Das Österreichische Bundesheer hat seinen Schieß- und Übungsplatz in Glanegg, dort wurden während der „deutschen Zeit Österreichs“ Exekutionen durchgeführt. Der Untersberg, wie er da so mitten auf dem Felde steht und zwei Ländern gehört, ist auch symbolisches wie politisches Hochplateau – auf der einen Seite neutral und auf der anderen bewacht von der NATO.

Fußweg vom ehemaligen Wirtshaus Rositten herüber (dort jetzt renovierte Privathäuser am Eingang zu Doppler- und Reitsteig) in besagte Waldungen dadurch ab, dass die Schutzzäune bis an die Felsen im Schießplatzhintergrund herangeführt sind und ein Durchgang generell verboten ist (sowie bei Schießbetrieb in den Wächterhäuschen Posten 3, Posten 4 auch bewacht wird, *so ein Scheiß Dienst,* LAGE 141, HITTISAU: stand als Rekrutenkommentar an den alten Häuslwänden angeschrieben) | selbstverständlich könnte man versucht sein, vorm Zaun über der Hinrichtungsfelswand in die Anhöhe rechts hinauf auszuweichen und mittels Umgehung auf der Bergseite drüben wieder herunterzusteigen, was sich aber als schwierig erweisen würde, da dort ein weiterer mächtiger Felsabsturz in Süd-Nord-Richtung herunterzieht und den Pfadsucher immer weiter nach oben ins Gämsengebiet abdrängt sowie zu extremem Zeitverlust führt (das wäre eine eigene ErkundungsAktion für sich, mit weiterem Aufstieg zum kaum

Posten 3

begangenen Gemeindeberg) | auf halber Höhe über dem Schießplatz stößt man auf einen alten **St. Peterer Grenzstein** mit überkreuzten Schlüsseln und kurz dahinter auf einen merkwürdigen natürlichen **Pyramidenaufbau** mit applizierten Denksteinen aus Steinbruchplatten, an der Spitze wird eines Toni Fischers von 1985 gedacht und auf dem Felsen selbst gibt eine verblichene rote Pinselschrift dem Wanderer unleserliche Anweisungen (*Wanderer* …), auch ein buntes Franziskusbild auf tönernem glasiertem Plättchen lehnt an einer der geheimnisvollen Steintafeln, über dieser offensichtlichen Denk- und Zusammenkunftstelle (sei's eines Zweigs der Illuminaten) ragt ein solider, wohl wenig benützter Jägerhochsitz empor, an dem vorbei und links hinaus eine Geländestufe zu einer verfilzten verwunschenen Wiese über den Steilabstürzen hinführt (der alte Bringungsweg ist aber bald zu Ende) tief unten hätte man in weitläufiger Umgehung wohl bereits die westöstliche FallLinie hinauf Richtung Grödiger Törl erreicht und wäre durch Hohlwege und an Forstgrenzen entlang vielleicht schon beim letzten Hochsitz auf dem Felsen angekommen, wo es direkt in den Felseinschnitt emporgeht, allerdings führt die Route nicht in den sichtbaren Scharteneinschnitt weiter links hinauf, sondern weicht rechts im Bogen in den Begleitwald der Rinne aus und versucht im steilen und abrutschgefährdeten Laubhang über Wurzeln und Felsen an Höhe zu gewinnen, bis man oben an der Stelle der alten Steintafel aus der Monarchie angekommen wäre und den Felsendurchschlupf auf der Kote 902 erreicht hätte und somit endlich außer obligo wäre, denn der weglose Abstieg durchs *Gestäng* und den Hochwald auf der anderen Seite bis zur unkenntlichen AnschlussStelle am Dopplersteig birgt, ein wenig Geländegespür vorausgesetzt, keine wirklichen Hindernisse mehr

Untere Rositten/Grödiger Törl

von oben

der *Dopplersteig* ist entweder offen oder wintergesperrt (das heißt, die Seilsicherungen sind dann entfernt, zumindest jene am obersten eigentlichen Wandsteig), der Autobus fährt an den Untersberg heran, hält vor dem Einstieg an der Autobahnbrücke vor dem Ort Glanegg sowie nach dem Einstieg bei den Wirtschaftsgebäuden von Schloss Glanegg, das heißt, man muss zum Einstieg zusätzlich auf der Straße vor- oder zurückgehen | beim Aufblick von der abfallgesäumten viel befahrenen Furstenbrunner-Straße aus etwa sieht man dann über den gedüngten Wiesen und über dem (ab 2011 von der mayr-melnhofschen Verwaltung angebotenen) PAXNATURA-TalBestattungsAreal „*Kastanienwiese*" im kahlen Laubwaldhang des Reitsteigs eine Schneise leicht schlängelnd bergan laufen, welche im Blätterstand ab dem Frühsommer kaum mehr zu erkennen ist und sich im Herbst dann zweiteilt: dort oben in halber Höhe muss sich die (längst abgekommene) *Firmianalm* befunden haben, wo jene therapeutische Geißenherde geweidet hat, deren **Käsemolke** täglich frisch in die Kuranstalten der Moosstraße zu Trinkkuren geliefert wurde

mehrere feudale KleinGebäude hinter Viehsperre und Fußgängerkarussell säumen den eigentlichen Einstieg am *Rosittenbach,* wie dieser aus der untersten dunklen Felsenschlucht hervorkommt (ein dickes Wasserleitungsrohr quert den Abfluss), das Schlösschen rechts springt rot turmartig ins Bild (mit sauber gekiestem Vorplatz), daran anschließend die privatisierte Nachfolge des ehemaligen Rosittengasthauses mit den zwei Garagen bergseitig, linkerhand zwei gepflegte verwunschene Wohngebäude efeuüberwuchert | irgendwo da oben rechts müsste sich die Talstation

---

Letzter Ausblick | *Almbestattungen,* auf der Vierkaseralm werden von paxnatura *Bestattungen in freier Natur* angeboten. Wer lieber dem Berge zu Füßen liegen möchte, der kann sich für eine Wiesenbestattung entscheiden.

---

der einfachen Materialseilbahn zum *Zeppezauerhaus* befunden haben (mit deren offener Beförderungskiste der damalige Hüttenwirt, so geht die Mär, seine hochschwangere Frau zu Tal gelassen hat und dann selbst den Reitsteig heruntergelaufen ist), der Talauslauf des Reitsteigs kommt hier ganz nah zum Bach gedrängt und eingezäunt herunter | von Gleitschirmflügen auf dieser Bergseite sei Abstand zu nehmen (steht angeschrieben), wohl auch aus jagdlichen Gründen, links vom DopplersteigEinstieg dämmert unter alter überwachsener SteinbruchWand ein weidenbestandener flacher Teich mit Jungfischen (welche bei Annäherung sofort davonstieben) vor sich hin | Frage: ob auch hier wie drüben in Fürstenbrunn bis in die 50er-Jahre ein **Kalkbrennofen** in vorsätzlich Absturzstellen sucht, ein Hinweis auf die Gefährlichkeit der *Unteren Rosittenschlucht* angebracht, und wenn einer gar an Beiseiteschaffen unliebsamer Partner oder Konkurrenten dächte, wären hier geeignete Stellen und quasi heimliche Aufforderungen dazu wohl vorhanden, Gewehrsalven knattern von der grünen Schießanlage aus Richtung Grödig herüber, am drahtseilversperrten Zugang zum oberen Steinbruchrand (erikabestanden) verstauen Kletterer ihre KletterUtensilien, das erste Wasserschloss als Würfelbau mit Tür und einer Art Dachveranda steht im harmloseren Gelände, spätestens hier würde sich die Frage stellen, wie und von wo ein mögliches Almvieh für die erste und zweite *Rositten* hätte aufgetrieben werden können

Totengedenken am Untersberg | Hans Hoffmann (⁕1951 † 1999), Jochen Grundner (⁕1970 † 2006), Slavek S. Tregubov († 10. 08. 2003), ein Gefreiter Dongus († 5. 11. 38) sind nur einige, die nicht vergessen werden sollten. Mit den Totengedenken erinnern die Nachgebliebenen an die Gefahren, sie sind aber auch Zeichen der Zuneigung. Aus Holz, aus Stein mit und ohne Foto trotzen sie allen Wettern und gemahnen den Übermütigen Berggeher.

Betrieb gestanden sei | am rechten Rand dieses Steinbruchs setzt der hochstufige Aufstieg (Betonklötze) zum (späteren) Dopplersteig an, hier wird an drei Stellen vergangener AbsturzEreignisse gedacht (mit einer Namenstafel: Wastl Pletzer 24. 5. 1986 und der Aufschrift: *alle Wege führen zu Gott, manche über die Berge,* dann mit einem orthodoxen grünen Holzkreuz oben am düsteren Schluchtabgrund, aus dem es heraufto st, für Slavek S. Tregubov 10. 8. 03, sowie mit Schriftzug an Jochen Grundner 1970–2006, und jeder verewigte und verschwiegene Unglücksfall bedürfte einer eigenen ausführlichen Geschichte), spätestens dort wäre für jemanden, der immer wieder lockt ein Tiefblick in die Schlucht, in der das Schmelzwasser zu Tal schießt, immer wieder lockt ein Aufblick zu den Graten hoch oben, die man hinterm Blätterwerk nur erahnt | der Steig führt stetig in die linke (orografisch rechte) Hangflanke hinein, die Metalltafel links wäre leicht zu übersehen (vor allem dann, wenn man seine Aufmerksamkeit dem weiteren Verlauf der tosenden Schlucht widmete), da erscheint zwischen Edelweiß das Fotomedaillon eines brünetten Mannes mit vollem Haar, in Hemd und Krawatte: Hanns Hoffmann 9. 8. 1951– 3. 7. 1999 mit seinen letzten (posthum uns Wanderern zugerufenen) Worten: *ich hab den Berg*

Jochen
Grundner
1970 - 2006

bestiegen, der euch noch Mühe macht, ein zweiter alter steingesetzter, teilweise abgerutschter und verlegter Weg führt dort gegenüber rechts ab in den Bachgrund hinein (war das gar der alte Auftriebsweg?) | nach dem ersten Wasserschloss-Deckel (4-fach verschraubt) erreicht man bald die aus der Wand herausgehauene Pfadpassage mit Überhang als Halbplafond, jene Stelle also, die über der **Mordversuchsklamm** liegt, mit geknickten Gerten unten im schrofigen Steilhang, weniger als Folge von Menschenabsturz denn von Steinschlag (welcher hier wohl eher im Frühjahr stattfindet und dem man im Fall des Falles nach vor oder zurück oder zur Wand hin geschmiegt zu entkommen versuchen würde, wohl nicht durch panischen Absprung in die Tiefe), hier fehlt ein Sicherungsgeländer, könnte man jetzt aus gegebenem Anlass monieren, allerdings wurde ein Halteseil links an der Wand angebracht, wobei man in den gewundenen SchluchtGrund von hier nicht bis zur Sohle hineinsieht, solches ist erst von weiter vorne möglich, dort wo der Weg sich dreht und unten ein breiterer Bachabschnitt erscheint (vorher Verklausung durch Stämme, Holzreste und Felsbrocken, dann Wasserfallstufe) | bei so starker Wassermenge wie jetzt im Frühjahr wäre dieser Grazer Bergsteigerfreund und Konkurrent des Täters da unten in der tosenden Schlucht gewiss ertrunken, jetzt liegt dieser mindestens ebenso steile Grashang gegenüber (an dem er sich im Sturz vielleicht noch abgestützt hat) ganz friedlich in der Morgensonne da, so als ob hier nichts geschehen könnte und auch nichts geschehen sei | die drei damaligen RettungsEngel (JungBergsteiger, die das Absturzgeräusch gehört hatten) und der herbeigerufene erste Bergretter (Josef

---

Totenberg | Wotansberg | Der Untersberg ist einer der *alten Totenberge und der sog. „Wodansberge“*, wie das Handwörterbuch des deutschen Aberglaubens verzeichnet. Er ist nicht nur der Sagenberg, in dessen Innerem eine lebendige Unterwelt wohnt, er ist neuerdings in modischer Gepflogenheit auch ein „Kraftort“, ein Mysterium, das alle Fenster der Fantasie aufstößt. Valentin Zillner, ein *Mitglied der salzburger landeskundigen Gesellschaft*, verfasste 1891 ein Buch mit dem Titel *Die Untersberg-Sagen. Nebst einem Abriß der Sagengeschichte überhaupt* geht er darin völlig in der damaligen Tradition der Brüder Grimm mit Betonung einer germanisch heidnischen Kultur auf. Zillner betont, ganz dem zeitgeistigen Trend entsprechend, dass mit dem Vorrücken des Christentums verstärkt zu den Sagenerzählungen gegriffen wurde, um an den heidnischen Traditionen festzuhalten. Der Untersberg, so schrieb einst Jakob Grimm 1816 in seinem Sagenbuch, *ist im Innern ganz ausgehöhlt, mit Palästen, Kirchen, Klöstern, Gärten, Gold- und Silber-Quellen versehen. Kleine Männlein bewahren die Schätze und wanderten sonst oft um Mitternacht in die Stadt Salzburg, in der Domkirche daselbst Gottesdienst zu halten.* Grimm bezieht sich auf den oftmals auch als Brixner Buch bezeichneten Druck aus dem Jahr 1782, der die Vision des Lazarus Gitschner vom Treiben im Untersberge verbreitete. Im 19. Jahrhundert fiel ebendieses Büchlein der Zensur zum Opfer. Im Württembergischen durfte das Büchlein nicht nachgedruckt werden, es sei zu absonderlich, hieß es.

Der Untersberg und die Legenden vom Lazarus Gitschner fanden Eingang in eine von Karl von Gutzkow, einem Vertreter des Vormärz, herausgegebene Wochenschrift aus der Mitte des 19. Jahrhunderts mit dem Titel *Unterhaltungen am häuslichen Herd*, so bekannt waren sie.

Wendl aus Eichet) sind wohl waghalsig über den steilen rechtsufrigen Rasenhang, sich an den Stauden festhaltend, abgeklettert, und anschließend über die Wasserfallstufe hinuntergelangt, sich irgendwie an den nassen Ästen hantelnd, um dem schwer verletzten Opfer Erste Hilfe zu leisten (beide auf der Tafel am linken Felsblock überm Wasserschloss (1931) noch einmal zu lesen: *Michael Topolschegg *6. 6. 1966, verunglückte am 26. 10. 1985 beim Grödiger Törl,* mit dem Zusatz: *Gott wollte es, A+Ω,* also Absturz eines 19-Jährigen irgendwo links oben, wohl eher auf der Abstiegsseite

---

Berg | Steigen | Blumensuchen, *sträflicher Leichtsinn,* der mit einer Sorgenlosigkeit zu tun hat, die man in Zusammenhang mit einem geringen Bildungsgrad setzen muss, hieß es in der Salzburger Fremdenverkehrszeitung vom 15. Juni 1901: Als der 22-jährige Tischlergeselle Fink auf dem Untersberg Blumen pflücken mochte, stürzte dieser ab und blieb tot im sogenannten *Besuchgraben* liegen. Die Bergung war schwierig. *Leute wie Hausknechte etc. – einer der Gefährten war ein solcher –,* stand in der Zeitung, sollten sich eine andere Freizeitbeschäftigung aussuchen und nicht Bergsteigen, befand man damals allen Ernstes.

Oberschenkel durch den Aufprall ins Becken gestoßen)
im weiteren Wegverlauf oben erscheinen ein zweiter und dritter Wasserschlossdeckel, aus denen es hell klingend herauftönt, dann könnten, nachdem man verdächtigen Geruch wahrgenommen hat, Gamsdeckenreste am Weg liegen, vom *Bierfaßlkopf* hoch oben kommt linksufrig ein Zufluss über Felsplatten zum *Rosittenbach* herunter, wodurch die transportierte Gesamtwassermenge vermehrt wird, weiter oben wäre ein Übergang hinunter zum Bach möglich, gleich im Frühjahr wächst hier frische Zahnwurz (*Dentaria enneaphyllos*), deren gespitzte Blattrollen durchs alte Buchenlaub stoßen, Quellrohr im Hang wasserführend oder trocken, ein versteckter Pfad auf dem gegenüberliegenden Ufer im Wald abwärts verläuft sich dann irgendwo im Steilhang, Karabiner für Wasserfallkletterübungen zurückgelassen | immer wieder tun sich mehr oder minder tiefe **Badegumpen** mit klarem Wasser bis zum Grund auf, dann eine letzte Geländestufe hinauf zur *Unteren Rositten,* vorher steht Richtung Grödig (vielleicht ausgerutscht und unglücklich aufgeprallt) | der punktmarkierte Weg erreicht jetzt den Almplatz jener hier nicht näher bezeichneten *Unteren Rositten* als düstere baumbestandene Ebene, welche wohl dereinst zur Besonnung freigeschnitten war (wenn man hier vielleicht von Kleinviehhaltung ausgehen darf, Almbetrieb wie in der *Oberen Rositten* bereits 1879 aus jagdlichen Gründen aufgelassen) | in einen der mächtigen Buchenstämme ist hoch oben eine erblindete Blechtafel eingewachsen (vielleicht ein Hinweis aufs Grödiger Törl oder eine einstige Warnung für Ungeübte) und dahinter rechts der beginnende Steilaufstieg zum eigentlichen Dopplersteig Nr. 460, der *Rosittenbach* fließt auf dieser Strecke zahm dahin und eine kurze Strecke sogar in einem BetonSchotterbett (oder er ist hier ganz trocken und kommt vorne nochmals als Quelle heraus), der Steinkranz der alten geräumigen Almhütte liegt längsseitig hangparallel da, Schattenvegetation unter hohen Buchenkronen vermittelt düsteren Gesamteindruck: vereinzelte Schneerosen-

blätter, nierenförmiger Lattich, vergilbte Neunblättrige Zahnwurz

ein möglicher Zugang zum Grödigertörl links hinauf ist nur erahnbar, im Suchpfad liegen Baumstämme quer, im Juni könnte man hier Gamskitze beobachten, wie sie der Gamsgeiß auch steil bergan nachzuklettern lernen, noch ein alter verrosteter Tafelrest (man kann einzelne Buchstaben der Aufschrift als zum Wort „Rositten“ oder „Grödig“ gehörend deuten), das Tafelblech ist nur an der unteren Kante in den Stamm des Buchenbuschs eingewachsen (wie in einer grauen Stuckwolke an einem Barockaltar steckend), und sobald sich der Hang mit seinen Rinnen und Graten etwas aufgesteilt hat, findet man sogar Steinhaufen oder Steinsetzungen zur Orientierung vor, und schon ist die Felspartie vor dem **Felsentor** (das oben von einem eingeklemmten Felsblock mit aufgesetzter Kiefer gebildet wird) erreicht, seitlich ein sonniger WandfußPlatz, wo wärmeliebende Vegetation mit Frauenspeik (*Achillea clavenae*) und Kriechquendel (*Thymus praecox*) zum Verweilen einlädt | frequentierte Wildfährten führen rechts aufwärts zu Aussichtspunkten ins Abseits, zwei weitere in die glatten Buchenstämme eingewachsene Blechtafeln

---

BadeKur | Das Gebiet des Untersbergs galt als Beispiel für *beinahe den ganzen Alpenflor der Kalkgebirge*. Es fanden sich dort allerlei *Färbergewächse, vortreffliche Futterkräuter, Bienenpflanzen, Pracht- und Zierpflanzen sowie heilkräftige und in den Apotheken gebräuchliche Pflanzen*, wie ein gewisser Gelehrter namens Franz Anton Alexander von Braune 1845 in einem Buch mit dem langatmigen Titel: *Das große und berühmte Untersberg-Torfmoor-Gefild bei Salzburg; dessen Natur- und Cultur-Geschichte, Bestandtheile, Benützung der Torflager und der Torfwasser- und Schlamm-Heilbäder, mit besonderer Darstellung der Bade-Anstalt-Beschaffenheit zu Mittermoos. Nebst einer Flor-Uebersicht dieses Torfmoor-Gefildes und des Untersbergs, deren Sagen und lyrische Bilder ihrer malerischen Umgegenden. Ein Taschenbuch für Naturfreunde und Badegäste*, schrieb. Braune entstammte einem hessischen Adelsgeschlecht, war im März 1766 in Zell am See geboren und starb im Spätsommer 1853 in Salzburg. Er war unter anderem Mitglied der internationalen Gesellschaften München, Moskau, London, Göttingen. Braune verfasste eine dreibändige Salzburgische Flora und Gedichte – auch zum Untersberg, seinen Sagenfiguren und Orten.

Untersberger Torfmoorgefild, nannte man die Moorgegend um den Berg. Am Fuße des Untersbergs gab es eine Reihe von Torfbadeanstalten, wovon das *bedeutendste und schönste Torfbad im Herzogthume Salzburg* liege. Das ehemalige Gasthaus Mittermoos an der Moosstraße wurde im Jahr 1828 zu einer Badeanstalt. 1850 wechselte der Besitzer, dieser riss den alten Bau ab und errichtete an derselben Stelle ein *hübsches, grösstentheils hölzernes Gast- und Badehaus im Schweizerstyle*. Nach einem Brand vier Jahre nach der Erbauung ließ er *ein feuersicheres Gebäude aus Stein erbauen, das den Anforderungen in Bezug auf Architektonik, Eintheilung, Ausstattung und Comfort entspricht. Dasselbe wurde am 1. November 1855 eröffnet und erhielt den Namen „Marienbad“*. Das Marienbad besaß sogar einen Eiskeller. Das Bad war gut besucht. Im Jahr 1860 verzeichnete man 170 Kurgäste, es wurden 2 000 Bäder gegeben. Neben dem Marienbad gab es noch das Hafnerbad, das Ludwigsbad und die Anstalt Bethsaida sowie das älteste Bad, das Kreuzbrücken-Torfbad (1827). Dieses sogenannte Torfmoorgefild wurde von Anton Alexander von Braune als eines der *bedeutsamsten, produktreichsten, pittoreskesten und genussreichsten Gefilde* bezeichnet.

MolkeKur | In besagtem Marienbad gab es auch eine *Molkenkur-Anstalt, die ihre ausgezeichnete Milch von dem Alpenviehe der nahen Untersberg-Alpen bezieht*, was vor allem sogenannten Brust- und Nervenkranken anempfohlen wurde.

werden im Aufblick wahrgenommen, ein südlich gelegener zweiter Grateinschnitt könnte sich möglicherweise als weiterer Übergang anbieten (ihn hätte man schon steil von unten ansteuern müssen, wer weiß, wie das dann drüben weiterführt) | im Tiefblick durchs eigentliche Felsentörl und den Waldbestand kann man den namengebenden Ort Grödig unten erahnen, und dass von dieser, der Ostseite her dereinst ein gepflegter Fußpfad über den steilen Waldhang hier heraufgeführt hat, das lässt sich an schmalen Serpentinen im Wurzelwerk des geschlossenen Buchenwalds noch da und dort erkennen (diese Route wäre ja der logische und relativ direkte Abstieg zur Talstation der Untersbergseilbahn zurück gewesen) | in der durchlöcherten Felswand zum Ausstieg oben ist an unvermuteter Stelle eine **vaterländische Erinnerungstafel** des August Freiherrn von Neblagger aus dem Ende des vorvorigen Jahrhunderts angebracht (VIRIBUS UNITIS *Mit Herz und Hand fürs theure Alpenland* 1875–1895), doch der Großteil dieser Weganlage, besonders in den blättergefüllten Steinschlagrinnen, ist verfallen und ein Abstieg scheint auch bei trockenen Verhältnissen nicht ungefährlich („da hat uns der Onkel Loisi einmal hinuntergejagt, um sich an unserer Todesangst zu weiden“, könnte man eine Altsalzburgerin erzählen hören, „nie und nimmer möchte ich so etwas noch einmal erleben“)

Nemesis am Untersberg

Exposé

zwei Männer und eine Frau im Anstieg zum Dopplersteig, die drei passieren soeben eine schmale Wegstelle im Steilhang über der RosittenbachSchlucht (Stahlseil oder Geländer sind nicht vorhanden), die junge Frau geht in Sichtweite etwa 20 Schritt voraus, hinter dem jüngeren Mann in der Mitte stapft als Letzter der ältere, plötzlich ein Schrei und ein Rumpeln, die Frau dreht sich um und sieht ihren jungen Freund stürzen, dieser verschwindet unterm Rasenhang in der V-förmigen Felsschlucht, durch die man den Rosittenbach tosen hört

drei Burschen, die 100 Meter weiter vorne ebenfalls bergan gestiegen sind, haben sich jetzt auch nach dem ungewöhnlichen Lärm umgedreht, sehen aus ihrer Wegkurve gut in die eng gewundene Schlucht zurück, dort hinein und hinunter: wo nach einem Aufprall an der Gegenwand ein Menschenkörper am Bachgrund niedergesunken ist, da heißt es schnell handeln, um zu verhindern, dass der Verletzte, so er sich nicht mehr aufrechthalten kann, schließlich ertrinkt, aber wie in aller Eile an den auch anderwärts steilen Rasenhängen ins Bachbett hinuntergelangen, dort vorne an Stämmen und Stauden sich festhaltend könnte es gelingen, und dann an der Verklausung die Bachstufe samt Wasserfall zum Opfer hinunterklettern, zuallererst aber die Bergrettung rufen, wenn man aus dieser Schlucht überhaupt Verbindung nach draußen bekommt ...

die Realien und unwahrscheinlichen Folgeereignisse dieses vorerst als *Freizeitunfall,* dann nach einem mysteriösen Doppelattentat in der Intensivstation des Salzburger Unfallkrankenhauses als *Beziehungstat mit Hintergrund* eingestuften Geschehens stammen aus dem Sommer 2005 und geben den Anlass für eine freie Bearbeitung des Stoffes aus mehreren Perspektiven zu einem Filmdrehbuch, wobei die Versionen der drei Protagonisten jeweils für sich stehen und die Motive zur Tat, die Begründung in der Vorgeschichte sowie die fantasierten Perspektiven in die Zukunft für die ZuschauerInnen auf unterschiedliche Weise plausibel gemacht werden oder auch erratisch im Filmgeschehen stehen gelassen sein können, ganz zu schweigen von den sich quasi vergeltungsmäßig auftürmenden Hindernissen, die ein um jeden Preis herbeigezwungenes Gelingen von „Beziehung“ unterlaufen, und wie muss man sich gar einen Ausgang vorstellen, sollte er wider Erwarten nach den Intentionen des Hauptakteurs ausgefallen sein, den wir noch immer am ganzen Körper schlotternd oben am Wegrand hocken sehen (wieso hat der übrigens selbst blutige Knie?), während 40 Meter tiefer die schwierige Bergung am Helikopterseil vor sich geht („wenigstens lebend geborgen“, sagt der aus der Schlucht zum Weg wieder aufgestiegene Bergrettungsmann und scheint sich vorerst nicht über die ausbleibende Reaktion der beiden anderen Figuren zu wundern), aber wo ist die Frau denn inzwischen hingekommen, die uns jetzt, da wir uns selbst in die Szene observierend eingemischt haben, so gut wie gar nicht mehr auffällt …

Mordversuch

Aussagen, Berichte, Vermutungen

Mordlust | Juli 2005, Dopplersteig. Ein Mittvierziger Salzburger, ein Anfangdreißiger Steirer und dessen Freundin besteigen zusammen über den Dopplersteig den Untersberg. Der Steirer stürzt tief in den Rosittenbach, bleibt dort schwer verletzt liegen. Der gute Bergkamerad oben auf dem Steig sagt später, nachdem man *Verdacht und Hinweis auf Tötungsversuch* bereits bei der Wanderung (so eine Tageszeitung) geschöpft hatte, er litte an Gedächtnislücken. Als der salzburgische Bergkamerad dann dem schwer verletzten steirischen Bergsteiger im Krankenhaus erneut, mit einem Messer, nach dem Leben trachtete – und dem oberösterreichischen Bettnachbarn noch dazu – meinte der inzwischen offiziell Verdächtige, er sei unterzuckert gewesen, könne sich an nichts erinnern. Das Ganze war irgendwie eine „Liebestat", Eifersucht auf die Lebensgefährtin des Steirers das Motiv, die soll von alledem nichts gewusst haben.

am Tag des zweiten Mordversuchs des 45 jährigen Günther N. aus Kuchl (Musiklehrer in Salzburg) am Intensivpatienten Ulrich H. (in einem anderen Bericht auch als Norman U. bezeichnet, 31) aus Graz hat der Verdächtige noch mit dem Kuchler Bürgermeister Tennis gespielt und ist dann zum Unfallkrankenhaus Salzburg gefahren, um dort auf Englisch bei der diensthabenden Schwester Einlass zu begehren (welcher ihm aber nicht gewährt wurde), er hielt dann etwas in den Selenzellenstrahl und drang ins Gebäude ein, sobald die Schwester verschwunden war, diesmal also allein, in den vergangenen Tagen ist er ja mit der Freundin des Mordopfers (als „Mitretter" dem sonstigen Personal bekannt) ins Spital gekommen und hat die Zugänge ausgekundschaftet, beim Weggehen nach seinen StanleymesserAttacken auf den Schwerverletzten und dessen unbeteiligten Zimmernachbarn wurde er von jemandem gesehen (Alarm durch Zufuhrunterbrechung), und so konnte man nach den Aussagen der Zeugen ein Phantombild erstellen, das zu seiner Ausforschung geführt hat die Behauptung des Verdächtigten, er selbst habe den Verunglückten an jenem 3. Juli (2005) aus dem Wasser gezogen, muss unrichtig sein, denn er war nach den Erkenntnissen des Bergretters Josef Wendl zwar an den Knien blutig (möglicherweise von einem Abrutsch auf das erste RosittenbachNiveau) und am Leib schlotternd, aber nicht nass wie alle anderen, nach morgendlichem Anruf war der Rettungsmann aus Eichet (nach erfolgter Totenbergung beim zurückliegenden Einsatz unvorsichtigerweise ohne Helm und Seil im Rucksack) gleich zum Einstieg des Dopplersteigs hinübergefahren (Kronen Zeitung: „der Kronzeuge war bergwärts unterwegs“), nachdem Ehegattin Mirjam und er bereits den Rettungshubschrauber ein erstes Mal unten hineinfliegen gesehen haben, nach 10 Minuten Aufstieg zur überhängenden Stelle gekommen, habe er die betroffene Frau dort quasi gar nicht wahrgenommen, sei auf Umwegen zur Unfallstelle abgestiegen, an einer gefährlichen Stelle von einem jungen Mann auf den einzig möglichen Abstieg an Ästen verwiesen worden, zu den jungen Rettern und dem (von diesen aus dem Wasser gestützten) Schwerverletzten (gleich beim ersten Anblick gesehen: der lebt ja noch) gekommen, welcher glücklicherweise nach dem Aufprall auf der anderen Wand im V-Tal auf den Beinen aufgekommen war (Beckenbrüche), die drei etwa 100 Meter vorauslaufenden jungen Männer hatten den Absturzlärm wahrgenommen und von weiter vorne auch zum Abgestürzten hinuntergesehen, waren gleich zur Stelle, haben die Bergrettung verständigt, der Hubschrauber sei dann ein zweites Mal gekommen, mit dem Retter am 80-Meter-Seil, dem Verletzten wurde unter Schmerzen der Sitzgurt angezogen, der Retter am Seil musste sich zur Unfallstelle vorhanteln, der ans Seil geklinkte Schwerverletzte wurde nach Ausfliegen auf eine freie Wiese dann ins Innere des Hubschraubers gepackt und ins Unfallkrankenhaus geflogen, „Hauptsache, er ist gerettet“ sagt Josef zu den zwei oben Gebliebenen, erst nachher ist ihm klar geworden, dass die mit so einem Zuspruch nichts anzufangen wussten, zumindest der Nebenbuhler nicht, die drei Engel ihrerseits haben die begonnene Bergtour fortgesetzt (ohne dass man sie zum NamenHinterlassen aufgefordert hatte, über Arbeitskollegen konnten sie dann kontaktiert werden), der Alpinpolizist, der mit den Bergrettern gekommen ist, hat den (damals noch nicht wirklich) Verdächtigen gefragt, wie es zum Unfall gekommen sei, worauf dieser von einem (äußerst unwahrscheinlichen) Steinschlag gesprochen habe, beim Abstieg hätten sich Freund und Freundin angelegentlich unterhalten, ohne sich vorher nach dem weiteren Schicksal des Opfers erkundigt zu haben

bei späteren Verhören wich die Steinschlagtheorie dem zornigen Am-Rucksack-Schütteln, weil der Grazer zu langsam gegangen sei, und nachfolgendem Ausrutschen und Abstürzen, auch soll es zum Ausruf „du kannst nichts dafür“ (oder so ähnlich) gekommen sein (das ist wohl nach der erstmöglichen Befragung des Opfers am 11. August herausgekommen), Verhör der Freundin (3 Stunden, 8 Seiten Protokoll): sie habe die mehr als freundschaftlichen Gefühle des nachmaligen Täters nicht erwidert

Grubpfad

für Georg Schuchter † 29. 9. 2001

die *Scheibenkaser* auf der Berchtesgadener Seite des Untersbergs, von Bauern aus VorderEttenberg (*Lusabeth*) befahren, weithin sichtbar, hart am Hang gelegen und mit einer umschriebenen und elektrozaungesicherten Weidefläche um die Hütte, die man durch den Bergwald mit seinen mächtigen, oft gezwieselten Stämmen, an welche man sich zum Rasten anlehnen kann, vorbei an einer Diensthütte der ehemaligen Zollwache unvermittelt erreicht hat und wo sich eine großräumige Aussicht nach Osten und Süden hin, etwa zum fernen Dachstein oder zum Hohen Göll unmittelbar gegenüber bietet, von der diesfalls extrem düsteren Watzmannfamilie ganz zu schweigen

diese *Scheibenkaser* mit ihren im Herbst nur mehr 4 Kühen dient als Vor- und Nachweide für die großflächige *Zehnkaseralm* am Plateau, mit der sie durch einen weit ausholenden Flankenweg Richtung *Leiterl* verbunden ist, bei dessen Begehung man sich immer wieder fragt, wie die schweren Kühe da ohne zu straucheln trotz manch offensichtlicher Wegausbesserungen hinüber und herüber zu gehen imstande sind

von dieser Scheibenkaser aus kann man Richtung Nordosten entweder zur *Hochkampschneid* und weiter über einen ausgesetzten Steig zur verfallenen *Grubenkaser* mit ihrer guten Quelle absteigen (klare Bachgumpen tief unten im *Lullgraben* könnten zum Eintauchen verlocken) oder man kann schräg hinauf über den unmarkierten *Grubpfad* absätzeweise auf die PlateauFläche emporsteigen, indem man zuerst unter den Abstürzen des Hochthrons leicht ansteigend quert und sich auf logischer Route dem Gratsteiglein nähert und dieses betritt, dem es (erst auf der einen Seite steil aufwärts, dann auf der anderen Seite kurz absteigend) zu folgen gilt, währenddessen können etwa von oben her schon Extremkletterer entgegengekommen sein, welche die *GamsalpkopfKante,* wie sie vor den Blicken der Aufsteigenden drüben emporragt, erstiegen haben und welche jetzt leutselig während ihres relativ sicheren Abstiegs zu einem beiläufigen Diskurs bereit sind eines gewissen *Engelbert Bierwirt* und eines *Georg Schaber* wird unterwegs auf Tafeln ständig gedacht, auf solchen Privatplatten, wie sie auch auf der *Grimming*Westseite merkwürdig gehäuft an abgestürzte Grazer Universitätsprofessoren erinnern | später kommt man an so einem hohen Höhlenmund vorbei, in den es einen hineinlockt und dessen Inneres einen Direktdurchstieg zur Kante vermuten lässt (wie es drüben durch den *Goldbrunnen* ja möglich ist), man geht doch besser den eingeschlagenen Pfad (wie er logisch schräg nach oben zieht) weiter und hüpft vielleicht kurz vor dem Ausstieg unvorsichtig in den Blöcken herum, wobei man bei einem verfehlten Aufwärtsschritt leicht mit dem Schienbein an eine der Blockkanten stoßen könnte, sodass wildes Umherspringen und Hand-auf-die-schmerzende-Stelle-Pressen die

geschützter Alltag allerdings ermöglicht kein freies Leben mehr (wird von anderswo her mitgeteilt), während auf dem Plateauweg, in den es in der Folge einzuschwenken gilt, auf harmlosem Gelände ein jüngeres Paar merkwürdig schweigsam entgegenkommt, von welchem sich später vielleicht herausstellen wird, dass es aus Thüringen, genaugenommen aus Jena, hierher in die Berchtesgadener Alpen geraten ist, während man bereits bogenschlagend den Latschendurchstieg zum Gipfel durchs Fernglas auszumachen sucht

man bewege sich um diese Zeit am Ende des sogenannten Indianersommers und man verfange sich auch während der Gertrude-Stein-Lektüre wie auf solchen PlateauWegen in den gewohnten Steinschen Schleifen, so heißt es über den (bei Achilla Presse

Markierungen III | *Erfreu Dich an der Berge Zauber, halte Weg und Almen sauber. Besieg den Stolz und bück Dich mal, trag Deinen Abfall mit ins Tal* oder *Abschneider zerstören die Vegetation – Bitte auf dem Weg bleiben!* sind nur zwei von mehreren Schilderaufschriften, die ganz in der poetisierenden Gepflogenheit der 1970er-Jahre-Wandergruppen stehen.

Folge wäre, wobei ein Pflaster den ärgsten VerklebeTendenzen der Abschürfung mit dem Textil vorzubeugen vermöchte, es wird doch nicht just ebenjener Moment an diesem bleiern düsteren Tag gewesen sein, als der vielgeliebte Salzburger Akteur drüben am *MannlGrat* in die Tiefe gestürzt ist

bleibt die Frage unausgesprochen: sollte etwa nur der extreme Föhn daran schuld sein, dass man so unvorsichtig auftritt, und warum stellen sich jetzt diese unerwarteten MüdigkeitsAttacken ein | TOD: hat man in Großbuchstaben mehrmals an der Autobahn gelesen, und ANGURTEN SCHÜTZT, ein total

erschienenen) AlphabetText mit dem Titel *Sachen Machen,* und man stellt sich die kubistische Dichterin sogleich im geborstenen Panoramafenster des von den amerikanischen Truppen besetzten Berghofs am Obersalzberg gegenüber sitzend vor, *Wände machen:* heißt es dagegen im gleichnamigen Gedichtband von Thomas Kling, aber wer will schon nach dem geglückten Durchstieg bei dieser Gruppe lautstarker Bergwanderer *Halt machen,* die den *summit* des Hochthrons besetzt haben, bevor sie ins *Stöhrhaus* einfallen, und die immer wieder in die Abstürze hinunterschauen, an die sich mehrmals hintereinander ein Hubschrauber wie zu

Laut und Leise | Volksmusik zum Untersberg. Auf einer Schellackplatte findet sich eine Aufnahme einer Rosittenpolka aus dem Jahr 1910 mit den „Originalen Maxglanern“. Das Stück ist weniger eine Polka, als vielmehr ein 16-taktiger bayerischer Landler, der sich auch zum Schuhplatteln eignet. Was ja in der Gegend gerne getan wurde.
Bei einer Feldforschung von Volksmusikkundlern im Jahr 1986 in Eben im Pongau nahmen die Wissenschaftler zwei Frauen auf, diese sangen das zweistimmige Lied *Am Untersberg, da steh i, drunt rauscht ein Fluss vorbei.* In diesem Lied hilft der Untersberg mit seinem Rundumpanorama, auf das vergangene Leben zu blicken. Das Lied endet sehr prosaisch mit *und gar mancher is scho tot.* Da wir wissen, dass der Untersberg seit erdenklichen Zeiten für die Jäger interessant war, gibt es natürlich auch ein Jagdlied dazu und zwar aus einer der frühen Sammlungen Salzburger Lieder. *Da Wüldschütz en Untersberg* ist in der Sammlung des bekannten Salzburger Schriftstellers und Museumsgründers Maria Vinzenz Süss verzeichnet. Allerdings ohne Noten, allein der Text fand Eingang in die Sammlung.

Übungszwecken heranwagt, während der Blick über die tiefen Wiesen zum Königsee oder hinüber an die historisch belasteten Kanten der Göllgrate schweift

man hat vor kurzem von KrisenPrävention statt von KrisenIntervention gelesen, welche aber nicht Sache eines einzigen Tages sein könne, und von der sogenannten *Wiener LebensmüdenStelle,* die vorsorglich eingerichtet worden sei | diese Fernsehbilder wird die Welt nicht vergessen, konnte man vor Kurzem (am 11. 9. 2001, *nine eleven*) am selben Ort sagen hören, und das Entsetzen darüber, was geschehen sei, werde abgelöst von der Angst davor, was im Weiteren geschehen könne, dennoch gelte es Beileid auszudrücken, wohl wissend, dass diese Geste klein und hilflos sei | ach ja die neue CD ist beim Label TESTAMENT erschienen und die Erdäpfel sollte man nicht unter 4 Grad Celsius lagern, weil sie sonst süß werden, Milchzucker fördere die Kalziumaufnahme durch den Darm und ein tägliches Geschicklichkeitstraining mindere die Sturzgefahr

„so einfach kommt ihr mir nicht davon“, flüstert jemand hinter unserem Rücken und der Chinese ruft „es ist zu spät“, *es weint der Weg in mir/es grollt der Pfad:* wie das ungarische Volkslied aus Siebenbürgen singt, *es stürzt entzwei das Tier/es bröckeln lautlos Trümmer ab vom Grat,* Efeu aber sei das Symbol der Treue, ein unverlorener ständiger Begleiter, gar der Wächter der schlafenden Wand, und wie man weiß, zieht der vorsorgliche Hüter als letzte Maßnahme vor Wintereinbruch den AbflussPfropfen aus dem Brunnentrog, verstellt die Einlaufrinne, wartet dann geduldig, bis alles Wasser ausgelaufen ist und dreht den Einbaum mit einem Ruck für den neuerlichen Gebrauch im nachsten Almsommer um

Mitterweg

mitten durchs KarstPlateau

von der Seilbahn-Bergstation am *Geiereck* aus lässt sich über die *Mittagsscharte* und den *Berchtesgadener Hochthron* in etwa höhengleich, wenn auch stets auf und ab, am PlateauRand relativ bequem zum *Stöhrhaus* (1894 m) hinüberwandern, etwas anstrengender geht es schon von Ettenberg herauf über *Scheibenkaser* und *Leiterl* (mit möglichem Direktaufstieg für BergErfahrene durchs *Goldloch,* weiter östlich gar über den versicherten *Hochthron*-Klettersteig oder naturbelassenen *Grubpfad*), oder von Schellenberg (**Paßthurm**) über Toni Lenz-Hütte und *Mittagsscharte,* oder über den eigentlichen *Stöhrweg* von Hintergern (genauer vom einem Weiler namens *Untersberg* aus, „Gern" meint übrigens „Einschicht im Winkel"), oder von **Hallthurm** zum Teil ausgesetzt über den *Almsteig* mit *Vögeibad* (Quelle) und *Gulden* (einer sanfte Senke darüber) oder ungefährlicher über den traditionellen Viehtreibweg der Großgmainer Bauern (zu ihren bayerischen Almen) über *Reisenkaser* und *Lusabethkaser* sowie *Zehnkaser* und auf einem für die ehemalige Radaranlage mit Armierungen versehenen Serpentinenweg zur windumtosten Schutzhütte mit dem weithin geschätzten Tortenangebot der Wirtin und des Hüttenwirts[1]

knapp westlich unter dem *Stöhrhaus* zweigt beim **Goldbrunnen,** an dessen Einstieg zur intramontanen Unterwelt

Hüttenreigen | Am 23. Juni 1901 kommt es zur Einweihung des Stöhrhauses – benannt wird es nach einem *Commerzienrath*: Paul Rudolf Eduard Stöhr, Textilfabrikant und Förderer der Alpinistik, errichtet von der Sektion Berchtesgaden des Alpenvereins. Bei der Eröffnung hält ein gewisser Dr. Zeppezauer, seines Zeichens Rechtsanwalt und engagierter Hochtouristiker, wie man die Bergsteiger damals auch nannte, eine Rede. Nach ihm wird im Jahr 1914 das durch einen Brand zerstörte *Untersberghaus*, wie es bis dahin hieß, und neu aufgebaute Schutzhaus an der Nordseite des Untersbergs benannt.

(diese bekanntlich voll von ortsfesten römischen Kaisern und nachts in die umliegenden Kirchen ausschwärmenden Klostermönchen), an dessen Mundloch zwar nicht jene vielsagende lateinische Emblem-Aufschrift S.U.R.G.E.T.S.A.T.U.M.[2] erscheint, sondern einfach eine Hinweistafel angebracht ist, auf der behauptet wird, dass KEINE ZEITERSPARNIS gegenüber dem Abstieg über den Normalweg bestehe (wobei sofort Zweifel an der Richtigkeit dieser Angabe aufkommen) | knapp links über diesem SchachtEingang also führt bei frühsommerlich weiß blinkenden narzissenblütigen Windröschen (*Anemone narcissiflora*) eine Routenspur durchs immer abschüssiger werdende Latschen- und Schrofengelände, vorbei an einem leeren Brunnenbassin als Betonkasten (und naher Quelle) geradewegs Richtung Norden auf diesen unbedeutend niedrigeren *Mitterberg* (1840 m) zu, dessen Gipfelkreuz man bei Schönwetter gut ausnehmen und welches als Orientierungspunkt die ganze Route über dienlich sein kann: mindestens zwei Durchstiegsangebote hinunter und hinüber erscheinen von oben gesehen in dieser weitläufigen PlateauMulde vorhanden, doch wer je so ein dolinenreiches und latschenbewachsenes Kalkhochgebirge zu durchqueren hatte, wird erfahren haben, dass einen die unübersichtlichen topografischen Gegebenheiten der KarstFormationen *in situ* und dass einen das Dickicht der Latschenhäute sowieso im Verlauf des Irrgangs sehr wohl abzulenken vermögen, da kommen einem **SteinmandlMarkierung** und diskret gesetzte **rote Punkte** unterwegs gerade recht und zugute, obwohl man dann meist nur auf die nächsten Zeichen konzentriert bleibt und nicht mehr selbst einen logischen Durchstieg und Ausweg sucht, wobei hinzukommt, dass

eine markierte Route (wie sehr zickzack sie notgedrungen auch verläuft) alle anderen möglichen Wege gewissermaßen ins Unrecht setzt und zu *outsidern* (also unbetretenen Pfaden) der Begehung werden lässt, es sei denn, jemand sieht z.B. eine Schmelzwasserlacke von oben und steuert auf diese zu, auch wenn das wohl flache Gewässer nicht am eigentlichen „Weg" liegt (einfach nur um TrittsteinFormen und AlpenmolchBesatz solcher im durchlässigen Kalk seltenen Feuchtstellen in Augenschein zu nehmen)

sollten sich die Wanderer in der Folge etwa an den Rand eines der größten und vor allem tiefsten je gesehenen Einbruchsbecken gestellt sehen (wie mächtig müssen erst die reziproken Hohlräume darunter sein), so könnte der eine oder andere Teilnehmer der PlateauGruppe eine aufwendige KraterrandUmrundung für angebracht halten, auch wenn der Sog mitten hinein in die Grubentiefe mit ihrem getellerten Randwarte herobén aus ohnehin die gesamte scheinbar unbändige **Doline,** die einen Abstieg an ihren Grund und Nabel magisch zu fordern scheint, vor Augen haben, was fürs Erste genügen müsste)

doch schon hat der sanfte Wiederanstieg am aufwärtsstrebenden Ast der elliptischen Bahn des (inoffiziell so genannten) *Mitterweges* eingesetzt, denn man will sich durch keinen noch so kleinen Abstecher mehr aufhalten lassen, und früher als erwartet sind die beiden auf Felsblöcke gemalten **roten Herzen** am markierten Umgehungsweg erreicht, man kann sich von diesem HerzPlatz an auf eine nicht minder anstrengende Gratwanderung Richtung Westen gefasst machen (es sei denn, man zöge gen Osten und in weitem Bogen markiert zum *Stöhrhaus* zurück) | auch wenn die Latschengassen, durch die der Weg verläuft, offensichtlich erst vor Kurzem freigeschnitten wurden: es geht unbeirrt in einem fort hinauf und hinunter und noch dazu wie *zufleiß* just

---

Graffiti | In den Steinbrüchen hinterlässt die oftmals auch liebende Jugend ihre Spuren, sie markiert ihr Gebiet mit den Mitteln moderner Malerei. Fratzen und Herzen (blau und rot!) zieren Stein und Wand – der Untersberg ein KunstBerg?

Schneerest und diversen Rinnspuren ebenso vom weiterführenden Weg ablenken könnte (wir sollten doch innerhalb einer guten Stunde drüben am markierten bayerisch-salzburgischen Grenzweg der inneren Wasserscheide angekommen sein), wobei sich ein etwaiger Rundkurs sehr wohl ohne großen Zeitverlust anböte (warum sollten wir uns mutwillig diesem jähen Loch und vor allem dem dann notwendigen zeitraubenden Wiederaufstieg von der Trichtersohle an aussetzen, wo wir doch von unserer

mitten über die Grathöhen hinweg, auch beschränkt sich eine nähere Betrachtung der zurückgelegten Strecke auf kurze Verschnaufpausen (weit drüben thront das jetzt unwirtlich scheinende *Stöhrhaus* an der Geländekarte, sich immer mehr entfernend) oder auf vorsorgliches Zusammenwarten an unübersichtlichen Abschnitten, einmal mehr scheint sich hier die Erfahrung zu bestätigen, dass jede Vorstellung von Ausmaßen und Einzelheiten eines Gebiets wieder und wieder durch neuerliche Begehungen einer höchst notwendigen Korrektur bedarf, da der Mensch mit seiner wechselnden Auffassungskraft (innerhalb perzeptiver *hotspots*) ja nicht qua maßstäblichem Blick durch die Morphologie des Gebirges zu wandern angelegt ist, sondern dabei mental jeweils voraus- und zurückspringt (schon gar in der Erinnerung) und dies und jenes stets übersieht, ja man könnte dem Gedanken anhängen, dass eine 1:1-Wahrnehmung in der Fortbewegung das Erreichen eines Ziels unmöglich mache, dieses (im Sinne einer „Philosophie der Spur") zumindest in ein endloses Dann-und-dann-und-dann hinausverschöbe

vor Erreichen des tiefer gelegenen *Hirschangers,* der sich nach Nordwesten hin öffnet und einen Rückblick aufs eigentliche Plateau bereits verweigert, ergäbe sich eine gute Gelegenheit, sich die **Dreieckform des gesamten Gebirgsstocks,** welche ja vom Tal aus nie in dieser Gestalt und Erstreckung gesehen werden kann, zu verdeutlichen, auch erscheinen die heute nicht durchschrittenen LegföhrenAreale links hinunter zum ausgedehnten Almgebiet der *Zehnkaser* extrem weitläufig und ohne besonders hervorstechende Landmarken (die man sich einprägen könnte), auch kommt einem der Streifen freigeräumten WindwurfAreals am westlichen PlateauRand von hier aus gesehen merkwürdig fremd vor, allerdings wäre die längste Zeit jener ausgeschnittene Wegverlauf (eine markante Kurve im Latschendickicht) beim Aufstieg zum *Hirschangerkopf* (oder ist es die *Wurzgartenwand*) weithin zu sehen gewesen und jetzt erscheint auch das dortige kleine **Gipfelkreuz** hinter einer Schneise am Horizont, so tief sind wir bereits abgestiegen und somit ist auch die Weggabelung an der kleingefassten, nicht eben stark durchs NirostaBecken rinnenden Quelle für die tiefer gelegene *VierkaserAlm* erreicht (weiter unten wird man das eine oder andere Rohrstück dieser Wasserleitung aus dem Boden ragen sehen, welche von einem der Almrechtelnhaber kurz vor dem endgültigen Ende der Almbefahrung in den ersten Friedensjahren nach dem Zweiten Weltkrieg auf dieser Bergseite noch heraufgebracht und über Hunderte von Metern im steinigen Gelände zu den großzügig dimensionierten beiden Doppelkasern mit extra Kellergemach hinunterverlegt worden war)

von der Naturbestattungsfläche beim **Sonnwendkreuz,** wo man sich den späteren Grabplatz der eigenen biologisch abbaubaren HumusUrne (mit oder ohne Namenstafel und Lageplan) bereits zu Lebzeiten aussuchen könnte, von den beiden verästelten Lawinenstrichen zu *Bruchhäusl* und Hirschfütterung samt den mächtigen CortenstahlGitterbauten im obersten Einzugsgebiet, von der neuen solide angelegten Forststraße „Jägerweg" auf der österreichischen Seite und dem alten rutschigen Almpfad sowie Jägersteig zur *Mahdalmhütte* und zur abgekommenen *Schmuckerhütte* etwas tiefer an diesem steilen Nordhang (von wo aus die einstige Sennerin zum Heimhof im Großgmainer

Segnung der Landschaft | Marienfiguren fromm, ganz und bruchteilhaft, Kreuze klein und groß, oft weitum sichtbar, vielmals aber auch kaum zu sehen. Nicht nur der Mystiker sucht den Berg für sich zu reklamieren, auch die Frommen finden sich regelmäßig ein und trotzen der archaischen Natur.

Dürre Wiese | *liegt auf einer idyllischen, sonnigen Waldlichtung an den Ausläufern des Untersbergs zwischen der Fürstenbrunner Landstraße und dem Freilichtmuseum* und Kastanienwiese *direkt am Fuße des Untersbergs, gegenüber dem Gutshof Glanegg* können, wie auch die *Vierkaser,* vor dem Ableben durch Teilnahme an einer *Flächenführung* besichtigt werden. Wem es ein Trost ist zu wissen, dass die *Pflege Ihres Grabplatzes von der Natur übernommen wird*, ist mit einer Naturbestattung auf diesen wahrhaft beeindruckenden letzten Ruhestätten bestens gebettet.

Donawinkl/Tannenwinkel hinunter mit dem Leintuch hatte *wacheln* können, als Zeichen und Aufforderung für den SchmuckerBauern, er solle doch gefälligst heraufkommen), aber auch von der frühsommerlich einsetzenden KleinZeckenplage in diesen Krummholzgassen und Waldflanken und von manchem anderen, was noch mitzuteilen wäre, einmal ganz zu schweigen

Schmugglerroute

Zehnkaser

„die sehen ja meinen Holzknechten täuschend ähnlich“, soll der alte Baron Mayr-Melnhof irgendwann in den 50er-Jahren ausgerufen haben, als man ihn das erste Mal auf eine der Kaffee- und Zigarettenschmugglerkolonnen (des Jahrzehnts nach dem Kriegsende) in seinem Revier hingewiesen hat, und viele junge Männer aus der näheren Umgebung, die sich das zutrauten (vor allem die vom Wuchs her kleinen, stämmigen Großgmainer), hatten damals an diesen lukrativen RuckenTransporten vom *Wartberg* (Übergabe der heißen Ware beim Autobahndurchlass und dann durch die Wälder vorbei an *Kuglstatter* und *Meister*) teilgenommen

das Schmuggelgut wurde entweder im Tal „schwarz über den Weißbach“ (der die Grenze zwischen Großgmain und Bayerisch Gmain bildet) befördert sowie im großen Stil auf dem „nassen“ Weg (watend oder mit Schlauchbooten) an diversen Stellen über Saalach und Salzach bis hinunter an die oberösterreichische Grenze, oder eben in kleineren Mengen auf versteckten Pfaden durch Wald und Gebirg (etwa über *Latschenwirt, Bruchhäusl* und *Wolfschwang*), im Extremfall sogar 1 000 Höhenmeter hinauf und dann wieder hinunter bis nach *Winkl* an der Bischofswiesener Ache (wo die Übergabe beim *Pompointbauern* an die Reichenhaller Schwarzhändler mit Destination München erfolgen konnte, also gleich wieder retour, diesmal allerdings im Tal und im Wagen gefahren)

Schwärzer | Schmuggler in der Gegend um den Untersberg wurden auch Schwärzer genannt. Neben diesen Schwärzern trieben sich noch Wildschützen und Wurzelgräber im Gelände herum. Ein Großteil der sogenannten Steige wurde in der hohen Zeit der bergsteigerischen Eroberungsphase – im 19. Jahrhundert – angelegt. So der Steig von Fürstenbrunn zur Schweigmühlalm im Jahr 1873 oder der Dopplersteig über die Rositten zum Schellenbergsattel, der dann ein Jahr später gangbar gemacht wurde. Zur Kolowratshöhle konnte man erstmals im Jahr 1876 wandern.

---

die Träger (auch *Schwärzer* genannt, ihre Delikte waren *EinfuhrBannbruch* und *AbgabenHinterziehung*) hatten dabei nicht schlecht verdient (manch einer konnte sich davon später sogar ein Eigenheim errichten, am bekanntesten das nach der Zigarettenmarke benannte *Chesterfield-Häusl* am oberen Ausgang von *Hinterreith*), eben diese Trägerkolonnen aus dem chaotisch mühsam wiedererstehenden Österreich, das von den Besatzungsmächten als „erstes Opfer des Nationalsozialismus" im Gegensatz zum Nachkriegsdeutschland möglicherweise bevorzugt behandelt und auch beliefert wurde, brachten die RauchWare (vornehmlich aus ungarischer und tschechischer Produktion), deren Übergabe und Weiterverkauf von amerikanischen Besatzern oft deutsch-jüdischer Herkunft (die angeblich freie Hand hatten) sowie von *Displaced Persons* aus den überfüllten Auffanglagern diesseits und jenseits der Grenze organisiert worden sein soll, im hier beschriebenen Fall zuerst zu einem Depot bei der Wildfütterung in den nordwestlichen Waldflanken des Untersbergs und dann mithilfe ortskundiger Kapos (etwa der Gruppe K.), die den Weg gut kannten, selbst aber nichts trugen (außer vielleicht einer Hacke zum Freischneiden des Weges oder zum Anplätzen der Baumstämme als Markierung für den nächsten Gang), hinauf auf die *Fadererschneid* und dort oben über die grüne Grenze, wo sie von den Hallthurmer Zöllnern so gut wie nicht beobachtet werden konnten, nämlich ungebrannten, also nahezu geruchlosen „grünen" Kaffee und Zigaretten, wohl nicht wie unten Hochprozentiges in Kanistern, und zwar in 30- bis 50-kg-Tranchen, wobei die Frage offenbleiben muss, wie der einzelne Träger diese schwere Last über die ausgesetzten Jägersteige die Wandflanken hinauf in Richtung *Zehnkaser*-Almgebiet (Mensch und Ware unbeschadet) hat bringen können (wäre so einer angeschossen worden, hätte er die Ware wohl weggeworfen), doch die Aufsichtsjäger sowohl auf österreichischer als auch auf bayerischer Seite ignorierten diese Transporte, da es sich ja um keine Wilderei handelte, die Jäger (auch jene in Diensten des Barons, der seinerseits auf dem *Friedrichsteig* die gesamten nördlichen Waldflanken des Untersbergs kontrollieren konnte) sahen vielmehr bei solchen Unternehmungen weg, von Unrechtsbewusstsein konnte sowieso auf keiner Seite die Rede sein, es ging ums Überleben und das Wahrnehmen jeder sich bietenden Verdienstmöglichkeit[3]

diese Grenze oben im Gebirge und der Weiterweg (notgedrungen in ausladender Schleife) wurde nicht, wie man vielleicht vermuten könnte (besonders wenn man den Steig nicht selbst gegangen ist) nachts passiert, sondern am helllichten Tag, und die Schwitzenden wurden wohl wie heute von Rossbremsen umschwirrt, wobei dort und da Stufen (aus dem Stein herausgemeißelt) noch heute die Passagen erleichtern, in die Dunkelheit zu kommen, wäre viel zu gefährlich gewesen, da an den Abstürzen mehrere unangenehme Felsstellen zu überwinden sind

den „verblendeten" bayrischen Teil des einstigen Schmugglerweges trifft man oben am Grenzsteig *Fadererschneid* über dem heutigen *Friedensfelsen* und unter der vom Windwurf verschont gebliebenen alten Diensthütte an: knapp an einer Felsformation geht es auf kaum kenntlichen Steigspuren nach rechts leicht bergab weg (dort waren die Mannen mit ihrer

Last also bereits über die Grenze gelangt), um die erste Kante herum erscheint überraschend ein versteckter **Felsunterstand** (als eventueller Schutz bei Gewittern), anschließend quert man die Grasrinne des *Jagergrabens* (auch als *Alpgraben-Kendl* bezeichnet) und folgt dann den sporadischen roten Markierungspunkten durch die steilen Waldflanken hinüber und später ansteigend über den *Weißbachwänden* (von den Großgmainern auch *Kuhwände* genannt), bisweilen in einigen Serpentinen aufwärts, dann wieder Richtung haltend durch Windwurfgelände, wobei die abgesägten Fichtenstämme, die geschöpst bereitliegen, im Akkord von tschechischen Holzknechten für den Abtransport (der nicht gleich erfolgt ist, aber vom bayerischen Nationalpark finanziell unterstützt wurde) vorbereitet wurden | einmal muss man, den Baumbestand für kurz verlassend, eine markante breite leere Felsrinne (einen Trockenbach) queren, wo üppig der hier so genannte Wermut (*Achillea clavenae*) wächst, welcher früher selbst angesetzt wurde (Cinzano und Martini waren noch nicht verfügbar oder leistbar), und am Ende des langen aufwärtsführenden Flankenweges in ca. 1600 Metern Höhe erreicht man dann lieblich grasiges Almgebiet (ein Jägerstichweg führt kurz rechts ab), gelangt somit zur Senke des *Weißbachbodens*, wo der alljährliche Sommerauf- und -aussteiger seine geschnitzten **Totempfähle** verkehrt herum hingestellt hat, also die dicke Stammseite nach oben (wenn die Sennerin drüben mit den Milchkühen da ist, verbringt dieser einsiedlerische Guru mit seinen AnhängerInnen einen Sommermonat hier im provisorischen PlachenQuartier unter mächtigen Fichten, die nächste Wasserstelle steht den Meditierenden oben an der *Wurzgartenwand* zur Verfügung)

aus dieser Mulde öffnet sich der Blick also links hinüber zum Plateau, wo der markierte Steig vom *Hirschanger* (und im Weiteren von der historischen *VierkaserAlm*) herunterkommt, während die Lastenträger aber diesen damals unmarkierten, heute mit Punkten versehenen quasi parallel verlaufenden fortgesetzten Jagdsteig am Kessel der steil abfallenden eigentlichen *Weißbachwand* weitergestapft sind (auch *Gurrwand/Gürrnstain* unterm *Achenkogel* genannt, im Rückblick auf die mächtige Ecksäule der Wand (*Loderer*), unter der zwei kühne Kletterrouten heraufführen und wo Graf Arco-Zinneberg 1860 die Adlerhorste hat ausnehmen lassen, wie Ludwig Ganghofer in seinem *Schloß Hubertus* berichtet)

und jetzt werden die ersten Hütten der weitläufigen *ZehnkaserAlm* angesteuert (heute führt eine bedeutende Strecke überm *Holzspitz* durch oben liegen gebliebenes Ästewirrwarr des ins Tal abgeseilten Windwurfs, eine Schweizer Spezialfirma hat diese spektakulären Abseilarbeiten durchgeführt), als da sind die große *Zehnkaser-Jagdhütte* (aus einer unmittelbar 1933 errichteten Hitler-**Kaserne** verkleinert hervorgegangen, nebenan in der Grasnarbe sieht man noch den Fleck, auf dem der Wohncontainer der tschechischen Holzknechte gestanden ist, für die übrigens kubikmeterweise Mineralwasserflaschen heraufgeflogen wurden), weiters der intakte (neuverschindelte) *Kernbauern*- und der geduckte *IrlbacherKaser* mit Steinwall sowie der bescheidene offene *Schmuckerbauer*-Kalbinnenunterstand, alles Großgmainer Landwirte aus dem *Tannenwinkl* (sprich: Donawinkl) und von *Hinterreith,* beim *Kernei* unten (dort heute Wasserleitungsanschluss) führte die Schmugglerroute dann weiter (den jetzigen **Alpensteig** querend) auf das sogenannte *Gamsgericht* zu, einen südwestorientierten Felskessel, durch dessen auslaufende Rinnen eine weglose Durchstiegsmöglichkeit hinunter in Richtung *Nierntalkopf* und nach *Winkl* führt, wo die Transporteure dann wohl schon auf die Ware gewartet haben, während die Schmugglerpassen erleichtert und nicht schlecht entlohnt (mit ca. fünffachem Wochenlohn) den Rückweg (und sei's wieder übers Gebirge) antreten konnten, übrigens: wenn von drei Schmuggelgängen zwei erfolgreich verliefen, hatte es sich schon gelohnt

wirklich **zehn Kaser** (davon acht Salzburger und zwei bayerische Hütten) sind es nicht mehr, die als Stein- oder Holzgebäude in dem locker baumbestandenen weitläufigen Muldengelände der *ZehnkaserAlm* mit ihren Sammellacken verteilt liegen (deshalb wohl auch *Alpe Zellach* oder *Seelach* genannt), aber doch noch sieben oder acht Kaser je nach Zählung, weiter draußen erscheint vor einem KlaubsteinGeviert die doppelte *Seppenbauern*hütte (verpachtet) mit neuer solider Umzäunung und drinnen sonnenbadenden Besucherinnen, dann der *Wolfsberger* aus Hinterreith, oben am schönsten Aussichtsplatz der *Kugeikaser* des alten Almmeisters, von wo ein Stichweg im Hang

Markierungen IV | Ein König, ein gehörnter Indianer, ein Berggeist, ein Totempfahl? Gestalten auf dem Berg aus dem Berg? Wer weiß schon, was der Künstler meint, wenn er mit seinen archaischen Skulpturen die Lichtung bevölkert.

zum *Stöhrhausweg* führt[4] und draußen die neue *Lusabeth*Hütte (als einzige bayerische Kuhalm), wenn auch ohne Fließwasser (die Sennerin muss Trinkwasser in Kanistern vom 20 Minuten entfernten *Kernei* holen), so doch mit Touristenanschluss vom gut geführten *Stöhrhaus* herunter (ein großes Häferl Almmilch zu 1 €), die alte *Lusabeth*Hütte ist ja weiter draußen auf dem Wiesenplan der *ReisenkaserAlm* gestanden (heute nur mehr Steinkranz und eingewachsene Balkenreste) und das Weiderecht für weiter oben, wo eben heute die neue Hütte *leiterl*nahe steht (die Ettenberger Kühe kommen ja von der Südostseite des Massivs über die *Scheibenkaser* als Vor- und Nachalm und über die mühsam viehgängige Felsquerung zum *Leiterl* herauf), diese *Lusabeth*-Weide also ist – nicht unumstritten – stillschweigend bergauf verlegt worden, die alte einstöckige Jagdhütte auf der Reisenkaser unten (mit einem merkwürdigen AstHygrometerKreuz samt drei am Langbalken angenagelten rostigen Nägeln an der verschindelten Hüttenwand und ordentlichem Stangenzaun samt Törl) wurde an eine KinderfreundeOrganisation vermietet

kurz nach dieser langgezogenen Weidefläche vor dem WindwurfRiedel setzt talauswärts an einem ersten **Almgatterl** und schwindeligen Aussichtspunkt (gegenüber mächtig die Watzmannspitzen, wie man sie kennt: mit Mann, Frau und den drei, vier, fünf Kindern dazwischen, aber auch bis zu den Firnfeldern des *Hochkönigs* hinauf), dort also setzt der originale Almauftriebsweg der Großgmainer Bauern aus dem Bischofswiesener Tal herauf an, wenn auch steil bergab/bergauf, so doch gestuft in schönen Serpentinen angelegt, bis dann unten ein fahrbarer Güterweg und weiter zurück Richtung *Hallthurmer Moos* gar eine breite abwärtsführende Schotterstraße erreicht wird (Schranken offen, die Zufahrtsbeschränkungen werden in den öffentlichen Forsten wieder so streng wie vormals gehandhabt und auch der Baron der Nordseite hält an den gewohnten Restriktionen fest), auf der das Jungvieh der Salzburger Bauern von der Transportfirma *Santner* aus Wals Ende Juni hereingeführt wird (soweit es mit dem Lastwagen eben geht), und von dort beginnt für das erfahrene wie für das neue Almvieh und seine Begleiter der mühsame Auftrieb auf die *letzte* heute noch *bestoßene Rinderalm* des kräuterreichen grenzüberschreitenden bayerisch-österreichischen Untersbergmassivs

In dem vom Wasser entstandenen Hohlung
dieses Marmors im Veitelbruche
wurden 83 Kupferne römische antike
Münzen im Jahre 1855 gefunden.

Schweigmühl

vom Veitlbruch aus

In dem vom Wasser entstandenen Höhlung dieses Marmors im Veitelbruche wurden 83 Kupferne römische antike Münzen im Jahre 1855 gefunden

diese Inschrift (König Ludwigs I. von Bayern) steht auf einem Marmorblock, der neben der Marienkapelle an der Scheitelstelle des Verbindungsweges (als einer bei Motorradfahrern und Bikern beliebten kurvenreichen schmalen asphaltierten Straße, auch von lokalen Mautflüchtlingen benützt) zwischen dem heutigen Fürstenbrunn und Großgmain hingelegt ist, unweit jener Veitlbruchquelle (zu einem Auslaufbrunnen an ebendiese Straße heruntergeleitet), aus der sich die Einheimischen aus Salzburg und Bayern (Kofferraumdeckel offen) ihr für heilkräftig gehaltenes Wasser in Flaschen und Kanister abfüllten, und zwar in so großer Menge, dass schon der Gedanke ventiliert wurde, dafür einen Unkostenbeitrag einzuheben, eine neuerdings lancierte KolibakterienNachricht hat die WasserSelbstversorgung etwas eingeschränkt, inzwischen ist die Zuleitung unterbrochen

im Jahr 15 n. Chr. sollen die römischen Besatzer hier Untersberger Marmor für Säulen etc. abzubauen begonnen haben, wobei Rohlinge und Fehlstücke an Ort und Stelle zurückgelassen wurden, welche dann 19 Jahrhunderte später von König Ludwig I. von Bayern in die Museen nach München und Salzburg gebracht wurden, einige davon sind auch im nahen Unterbergmuseum am Fuß des Berges in Fürstenbrunn ausgestellt

hinter dem historischen Marmorbruch (man sieht einige Fluchten von ansteigenden und überronnenen Plattenschüssen, die sich umgehen lassen, wobei man vielleicht auf den trockenen Eingangsschlund der Veitlbruch-Quellhöhle stößt, mit ihrer Metallplakette 1339/175), und hinter dem Quellenauslass an der Straße (KrummRohr und Grander) führt zuerst ein unscheinbarer Waldweg (dessen Anfang man suchen muss) einige Hundert Meter hinauf zur gemauerten eigentlichen Quellfassung der Salzburger Wasserwerke, die über einen Knüttelsteig nach rechts erreichbar ist, während der alte sanft an- und breit ausgelegte Ziehweg unten zu einer (ausgeschwemmten) Linkskurve ansetzt und im Weiteren in diesen **dritten steilen Graben führt** (von den insgesamt fünf oder sechs großen, die vom Untersbergplateau herunterführen, der breiteste mit **großem Wasserfall,** alle von langen glatten Begleitwänden begrenzt), in unterbrochenen und windwurfholzverlegten Serpentinen hinauf ins Steiltal (auf alten Karten als *Sulzenkarl* bezeichnet) zwischen *Sausender Wand* westlich und *Kühsteinwand* östlich, und da die Stämme der Windwürfe der letzten Jahre teils zwar abgeschnitten und in der Rinde belassen, nicht aber alle abtransportiert sind, heißt es im Wegverlauf immer wieder ausweichen oder, wo das nicht möglich ist, drüberklettern | einmal wird die wasserführende Hauptschlucht auf einer hohen provisorischen Brücke gequert, dann verliert sich dieser breite steingesetzte Bringungsweg an einer ehemaligen Holzseilschneise gänzlich und man ist aufs eigene Geschick in Routenfindung diesen Wassergraben hinauf angewiesen, entweder weglos nahe der orografisch rechten Wand zwischen Blöcken, Stämmen, durch Quellfluren und über Steilstufen oder mehr in der Talmitte auch durch den Windwurf und oben steil nicht rechts zur *Klingeralm* (Steig verfallen), sondern im Bogen nach links über dem *Kühstein* (ein QuerAst des Gipfelkreuzes ragt hervor) zu den drei *Schweigmühlhütten* (alte herrschaftliche Jagd-, historische Alm- und neue Stützpunkthütte der Bergrettung Grödig), diese oberste an der breit ausgebauten **SkiabfahrtsAutobahn** gelegene sogenannte *Kühsteinhütte* aus dem Jahr 2002 (um die vielleicht soeben ein Maulwiesel mit steif gehaltenem Schweif herumgelaufen ist) steht auf 1406 Metern Höhe und hat ihre GPS-Koordinaten angeschrieben: 12,98616° Ost und 47,72160° Nord

im Rückblick ist jetzt auch das Kreuz auf dem spitzen *Kühstein* vollständig zu sehen und sogleich der Wunsch erwacht, wenigstens optisch die Route auf diesen Kalksporn von einem aussichtsreichen Vorgipfel auszumachen, irritierend: der von diesem Vorberg vorzüglich freie Blick hinüber zum hochgelegenen neuen Privathaus auf der *Klingeralm* wird dabei immer wieder vom düsteren ÜberhangEinschnitt in der glatten *Sausenden Wand* darunter abgelenkt | die Route eines Verbindungsweges zwischen den beiden Almen wird man nicht wirklich ausmachen können (sie müsste wohl hoch in die Latschenregion des PlateauRands hinein- und hinüberführen) | Einzelgänger könnten an Wochenenden mit und ohne Hund die Skiabfahrt heraufgekommen sein („noch nie bin ich den Weinsteig über den linken Wänden gegangen", könnte ein Hundeführer gesagt haben, „immer nur die gleichmäßig steile Abfahrtsroute") und auf selbigem begrünten Band auch gleich weiterziehen wollen, hinauf zum *Salzburger Hochthron* oder hinüber zur ***Mittagsscharte*** (mit *Großem Eiskeller* und *Steinerner Kaser*), die vom Tal und bei entsprechender Entfernung deutlich als markanter Einschnitt erscheint, während man hier heroben gar nichts von einem solchen mitbekommt | ein links von der Abfahrtsroute 100 Meter höher im Bogen abzweigender Pfad bringt einen durch Latschengassen an Altschneeresten und Meisterwurzfluren (*Imperatoria ostruthium*) vorbei in eine Weidegrube unter dem *Abfalterkopf* mit dem hoch über einem Schrofen unter einem Vogelbeerbaum (*Sorbus aucuparia*) hervorspritzenden *Muckenbrünnl* und führt dann wieder an die Skiabfahrt beim sogenannten *Kanonenrohr* zurück, wo auch der *Mittagsschartenweg* hinüberzweigt

wenn man beim fest verschlossenen Jagdhaus Schweigmühl, von dessen Dach schon einige Eternitschindeln zu Boden gerutscht sind, den Stiegenzutritt hinaufgeht, könnte man hinter dem Schloss vielleicht einen gefalteten Zettel hervorblinken sehen, auf dem eine amerikanisch-englische Nachricht vom Vortag zu lesen wäre, etwa: *We Love your House! Beautiful! Caroline and Ben from Louisville, Kentucky, USA*

der Untersberg entzieht sich

von der Schweigmühlalm zur Klingeralm

im Verlauf der kurvenreichen und schmalen Verbindungsstraße Fürstenbrunn-Großgmain böten sich mehrere Zugangswege und (dereinst an ihrem Beginn vielleicht „verblendete") Steige zu den beiden mittleren (auch esoterisch besetzten, angeblich gar von UFOs angeflogenen) Almen der UntersbergNordseite an (mögliche wohl widerrechtlich benutzte GeländeFahrwege sind inzwischen durch abgeladene Marmorblöcke gesperrt) | als große markante Forststraßenzufahrt gibt es nur eine einzige, in die wohl alle noch so verzweigten Bringwege münden (mit geschlossenem Schranken, auch für Biker gesperrt, von einem gegen den Baron

---

UmweltAktivismus | Ein Mountainbiker, der auch ein Umweltaktivist sein soll, wird vom Grundbesitzer des Berges angezeigt. Der Anlass des Streits ist eine Forststraße. *Seit Wochen läuft dieser Streit nun schon. Hauptvorwurf der Kritiker sind die Breite der Forststraße und die weithin sichtbaren Auswirkungen in der Landschaft. Dazu kommen in diesen Reihen noch massive Zweifel an Qualität und Transparenz der behördlichen Genehmigungsverfahren*, heißt es in einem Bericht von salzburg.orf.at vom 15. Oktober 2007. Der Grundbesitzer, der sonst auch im Land karitativ aktiv ist und Holz aus dem Wald seines Untersbergs spendet, besteht darauf, diese, SEINE Forststraße, von Kritikern *Forstautobahn* genannt, für sich beanspruchen zu können. Während der Umweltaktivist, mit Unterstützung, glaubt, genau diese Straße für sich in Begehren nehmen zu müssen. Anrainer, Alpenverein, der Verband der Österreichischen Höhlenforscher und die Grünpolitik wollen Antwort auf 57 Fragen, der Landesumweltanwalt will sich nicht einmischen. Der ursächliche Grund für dieses Gefecht: Kyrill, der Orkan.

Baron Mayr-Melnhof und seinem Geschlecht gehört der Großteil des Untersbergs. Unter anderem der heutige Latschenwirt, der auf dem Standort der ehemaligen LatschenkieferÖlfabrik der Melnhofs stand, die ja schuld an der Abholzung des Berges gewesen sein soll. Gasthaus *Zur Wegscheid* war es in seiner Anfangszeit 1911/12 benannt.

---

verlorenen Prozess eines radelnden Salzburger Altphilologen ist die Rede), für motorisierte Wanderer und Bergsteiger wurden an den entsprechenden Stellen der Asphaltstraße ParkBuchten angelegt, und man könnte jenen bergseitigen Abstellplatz bei der *Pferde- und Eselalm* zum Ausgangs- und Endpunkt einer AlmenRundtour wählen und von dort östlich querend (zuerst auf der Straße, dann durch den Wald) den *Wasserfallgraben* über dem historischen *Veitl*Marmor*bruch* an der **Gemeindegrenze Grödig/Großgmain** (die zur Staatsgrenze zwischen *Mitterberg* und *Ochsenkamm* hinaufzieht) ansteuern, wo man dann wieder auf diesen sanft geschwungenen Waldweg aus der fernen winterlichen Holzziehzeit träfe (siehe Kapitel Schweigmühl), einige Meter unter der gemauerten eigentlichen Quellfassung der Salzburger Wasserwerke (die über einen Knüttelsteig nach rechts erreichbar ist und von wo ein runder Nirosta-Überwasserdeckel herunterblinkt), während der alte breit angelegte Ziehweg zu einer (ausgeschwemmten) Linkskurve über den Graben ansetzt und im Weiteren über windwurfverlegte Stellen (die nicht ausgeschnitten sind) sowie abgerutschte Partien, aber stets in mäßiger Steigung (das Gefälle durfte für die schwerbeladenen winterlichen Holzziehschlitten nicht zu steil sein) und in schön abgestützten Serpentinen zur Hängebrücke über der tosenden Schlucht nach oben führt

diesmal würde die schwankende Brücke (Geländer von einem Baumstamm getroffen und geknickt) nicht betreten, sondern man könnte unmittelbar davor den Steigspuren rechts weg und steil hinauf (auch steinmandlmarkiert) durch den Wald folgen, bis die Route unvermittelt am vielleicht 30 Meter hohen, mehrstufigen **Wasserfall** des *Kühbachs* oder *Kühlbachs* anlangt, an dessen unterem Ende der ehemals durchgängige *Friedrichsteig* hinüberquerend, doch baumstammverlegt, zu erahnen ist (auf diesem langen mittleren Steig, dessen Verlauf inzwischen dort und da von Forststraßen unkenntlich gemacht ist, konnten die Förster und Jäger des alten Baron Friedrich – oder konnte dieser selbst – vor allem bei Schnee jede Bewegung an der zerschnittenen Nordfront des Bergmassivs erspüren und nachvollziehen, Wilddiebstahl blieb also schwerlich unbemerkt, während heute Polizisten mit Wärmebildkameras vom Hubschrauber aus den Wilddieben auf die Spur zu kommen suchen) | dann ginge es im Bogen zurück und wieder steil durch den Fichtenwald hinauf und man hätte (den *Hundsrücken* und einen möglichen Ausstieg auf diesen rechts beiseite lassend) bald den neuen Nutzholzschlag erreicht und könnte über die freien Schneisen links hinunter zum Abseilplatz für die Stämme hinüberschauen, wie er an der Wandkante des *Andreasrückens* (der zum *Kühstein* hinaufzieht) im Jahr 2010 angelegt worden war und jetzt schon wieder leer (und hell herausgeschrämt) daliegt, während der Wasseraustritt an der *Sausenden Wand* rechts oben hinter Bäumen klatschend vernehmbar wird und später ein unvermutetes Schmiedeeisenkreuz in eine FelsblockRitze gesteckt auffällt, auf einen wohl historischen Unglücksfall aus der Holzknechtwelt verweisend (Inschrift, falls jemals vorhanden, längst wettergetilgt) | schau da oben: ein großer, jetzt infolge der Schlägerungsarbeiten frei stehender Felsblock, wie er deutlich seine klaffend gezackte **MittelrissSpalte** zeigt, beide Teile dieses Versturzblocks (der sich einst von der *Sausenden Wand* gelöst haben muss) stehen nach wie vor aufrecht (oben sogar

XI

baumbestanden), und wie vom Himmel gefallen, könnte jetzt eine Gruppe junger Höhlenforscher entgegenkommen, zur gegenseitigen Überraschung (dass wir hier im Unwegsamen jemandem begegnen, hätten wir nicht gedacht), alle in entsprechender Adjustierung und mit Teilen des Equipments auch außen an den Rucksäcken (die haben ihre Prospektion unbekannter Schächte fürs Erste hinter sich gebracht) | weiter hinauf über den ausgeräumten Holzschlag (bisweilen Fällkeile wie Melonenspalten auf gewissen Strünken als Orientierungshilfe aufgestellt) käme man dann in leichtem Linksbogen (die *Sausende Wand* rechts tritt etwas zurück und das *Sulzenkarl* wird oben gelegen vermutet) zu einem heimeligen Quellgebiet mit gutem Wasser und im Weiteren in einen abgeschiedenen tiefen trockenen Felskessel (wohl mit InversionsKleinklima), den es am unteren Kesselrand zu durchsteigen gilt, mitten hinein unter die eigentlichen Plateauwände, unmittelbar darüber erschiene dann wieder das Windwurfgewirr von 2007 (infolge der ungünstigen Lage nicht wie drüben in den bayrischen Staatsforsten geborgen, also weggeschafft), welches es in direkter Linie aufwärts mühsam zu überwinden gilt, bis oben rechts die markante Schlucht mit **roter Schotterrinne** zum Plateau hinaufziehend erscheint und im Bogen nach Osten (kurzfristig sogar leicht abwärts) in der letzten Wiesengrube das links zum *Schweigmühlalmgebiet* hinausführende

Naturmedizin | Eine Latschenölfabrik bei Grödig soll im ausgehenden 19. Jahrhundert der Grund für die Abholzung der Latschen in diesem Gebiet gewesen sein.

Steiglein mehr erahnbar denn sichtbar wird und also auch betreten werden könnte

die alte Almhütte zeigt einen schützenden östlichen KrüppelwalmDachvorbau und zumindest auf ihrer Bergseite noch das tiefgezogene Dach für einen ehemaligen (jetzt verschindelten) Viehunterstand (mit alter Tür samt eingekerbten Initialen, oben solide Namensinschriften ehemaliger Forstleute, z.B.: M. Klingler 15. 5. 1924), welchen man sich auch an der talseitigen Hüttenwand ergänzt denken könnte, was die Bergefunktion der Almhütte noch deutlicher zu demonstrieren imstande wäre, und im Gegensatz zur bisherigen unbegangenen Route könnte man hier immer wieder Berggeher und Berggeherinnen die (begrünte) Skiabfahrt heraufkommen und Richtung Salzburger Hochthron weitersteigen sehen

es bedürfte schon einigen hellwachen wie gründlichen Durchstreifens des ansteigenden Karstgeländes südlich der *Schweigmühlalm* (1416 m), wäre man darauf aus, einen möglichen Durchstieg durch das kompakte KrummholzDickicht (alle Felsbuckel der Hänge und Höhen scheinen ja undurchdringlich von Latschenhäuten überzogen) am PlateauRand hinüber zur etwas höher gelegenen *Klingeralm* (1522 m), wie diese im Vormittagslicht gut sichtbar auf der freien Fläche im Westen gar verheißungsvoll daliegt, zu erkunden und zu finden, einleuchtend scheint dabei der Grundgedanke, dass man eine **Transversale am PlateauRand** hoch genug über den Felsabstürzen in den *Wasserfallgraben* (durch den man soeben ausbiegend heraufgekommen sein könnte) anzusetzen habe, und schließlich könnte auch die Vermutung naheliegen, dass die Almleute, die unten in ihren Heimhöfen in der Schwaig sowieso Nachbarn waren, auch während der Almzeit oben (gar in Notfällen) nicht umhin konnten, sich gegenseitig aufzusuchen, vielleicht sogar in Liebeshändel verwickelt, keine Müh noch Anstrengung scheuten, dem plätschernden Quell auf den klingerschen Höhen zuzustreben oder in Gegenrichtung eine Verabredung beim *Muckenbrünnl* über der *Schweigmühlalm* unter dem *Abfalterkopf* wahrzunehmen

Anhaltspunkt für den Einstieg zu solch einer Transversale könnte ein charakteristischer **Felsenschlitz** (quasi eine Binnenscharte) am oberen Ende des vorläufig letzten, wenig durchsetzten Grashangs seitab der Schweigmühlhütten sein, auch wenn dieser Einstieg fürs erste zu hoch oben liegend erscheint: dahinter öffnet sich dann eine versteckte Grube mit einem *Hirschbünkerl,* das zur Zeit als Suhle angenommen sein könnte, so sehr sind die Beckenränder zerwühlt und so erdgetrübt erscheint das Lackenwasser („der hat wohl ganz schön abgehaust“), doch ab jetzt heißt es auf den Felsrändern der Dolinenreihen dahinzubalancieren und in den Karstgassen (die in der angestrebten Richtung verlaufen) geduckt vorwärtszustreben, dabei aufmerksamst nach möglichen abgesägten Latschenästen, also Stümpfen von Menschenhand Ausschau zu halten (die einen sind vor Jahrzehnten glatt abgeschnitten, die anderen wohl später mit einem Wildnismesser in mehreren Kerben eingehackt worden), einige Sackgassen gilt es bei der Suche nach einem weiteren Durchgang zu erkunden und dann rechts oder links liegen zu lassen, und auch wenn die Richtung vorgegeben erscheint, so sind die mittagsheißen **Schlüfe** und versteckten **Karrenbänke** sowie **Kleingrate** genau zu sichten, dann geht es überraschend

über eine wohl dereinst freigeschnittene Fläche bergab (Weidevieh ist dort sicher keines hingelangt), und man könnte an dieser Stelle kurz rasten und zu den dicht von Touristen besetzten Kanten an *Zeppezauerhaus, Hochalm* und *Salzburger Hochthron* hinüberschauen, denn von hier aus ist der Blick frei, wenn einen nicht die Ungewissheit des Weiterweges vorwärtstriebe, da jetzt auch die Hütten der *Klingeralm* nicht mehr zu sehen sind (auch dort hätte man eine Menschengruppe vor dem Blockhaus sitzen sehen und sprechen hören können und die eigene Stimme gleich gedämpft, so hellhörig wäre einem dieser Föhnnachmittag erschienen), weil am Auslauf der Latschenfelder wieder Hochwald ansteht, durch den eine gangbare Route zu finden umso schwieriger erschiene (neue geahnte wie ungeahnte VerirrMöglichkeiten), als es sich um das Ende des von unten heraufziehenden tiefen Grabens und zusätzlich um eine Reihe eingestürzter Karsthöhlen als Wuchsgrund für den Lärchen- und Fichtenwald handelte, vielleicht um ehemalige Höhlen eines **RuinenhöhlenNiveaus,** die durch die schürfende Wirkung des Gletschers freigelegt wurden, während das Entstehen der Karrenfelder durch das Abschmelzen des PlateauGletschers erklärt wird, wobei sich gleich die Frage stellte: soll man jede dieser Gruben wirklich kräfteraubend ausgehen oder folgt die spärliche SteinmandlMarkierung doch den weniger mühsamen, zwischen den Gruben stehengebliebenen Rändern, und noch bevor der Wald erreicht ist, gilt es, eine **markante Kluft** zu überspringen, die nach links ins Berginnere zu ziehen scheint und über die einmal eine primitive Brücke gelegt war, worauf die abgemorschten Stämme in der Tiefe hinweisen, und drüben heißt es steil aufwärts unter den Latschenästen hindurchklettern und anschließend wieder wenig verwachsene Gassen zum Weiterweg ausspähen, und wie sich im Nachhinein herausstellt, hatte man gut daran getan, nicht im Bogen nach Süden die Geländevertiefung umgangen zu haben (was sich angeboten hätte), denn die Grubenreihe erweist sich als nach unten hin doch von einem Sattel geschlossen, und schon ist auch ein verwitterter Hochstand drüben in Sicht, was auf eine leichtere Begehbarkeit und die zu vermutende Hüttennähe hinweist, da springt sogar die SteinmandlMarkierung ins Bild, verliert sich aber wieder auf den Karrenplatten vor dem HüttAnger

Euch muss es aber zuerst um sein Reich und um seine Gerechtigkeit gehen: dann wird euch alles andere dazugegeben, Mt. 8/33, liest man an der Eingangstür des neuen Blockhauses, und der Besucher sieht in der Folge zwei Anlagen für Gruppenversammlungen im freien Gelände, je um einen zentralen Tisch installiert: die eine Bucht unweit der Hütte mit einer Grillvorrichtung, die andere Bucht mit 14 festen Bänken um einen **Altar** an der Geländekante vorn angelegt, wo der Steig zu den *Windlöchern* hinunterleitet (respektive von diesen heraufkommt), und ein **Holzkreuz** (aus dem Jahr 1998) mit der Aufschrift MARANATHA (dem aramäischen Ausruf für die Sehnsucht nach Gott) schaut ins Land hinaus (denn wie es heißt, stellt sich hier dem Blick bis nach Norddeutschland keine nennenswerte Erhebung mehr in den Weg) | weiße **Kleinstatuen** (Josef mit dem Jesuskind sowie Maria solo) sind in diesem Andachtsbereich unter freiem Himmel aufgestellt („gesunde“ Marienverehrung sollte uns Adoranten die Nöte der Menschen sehen lassen, so die Empfehlung in den Statuten der Gemeinschaft, und uns nicht abseits in ein „schrulliges Ghetto" führen), doch da könnte man im Rückblick jetzt des **Hochgerüsts** (sind es aufgestapelte Paletten?) gewahr werden, an welches dürre Baumwipfel gelehnt sind und das wie für ein Autodafé vorbereitet erscheint, doch auf diesem noch nicht entzündeten Scheiterhaufen räkelt sich jetzt ein junges Bergsteigerpaar in der Sonne, die Plattform als gesichert und durch die DürrÄste leicht abgeschirmt nützend | HALLELUJA ist in die Tür zur Latrinenanlage eingeritzt, und das eine Fenster der gemauerten **Jagdhütte** nebenan (die dem Almhüttentypus mit einseitig niedriggezogenem Dach entspricht) könnte balkenoffen stehen, das heißt, man müsste in der Dämmerung mit einem Jägeransitz irgendwo im Gelände draußen rechnen, doch da läuft auch schon eine der zwei jungen Frauen, die das solid gestaltete Blockhaus mit der integrierten Kapelle der „Schwestern und Brüder der Loretto-Gemeinschaft"[5] betreuen, mit Küchenutensilien zum Fließbrunnen hinüber, und bald scheint an so einem SonntagSpätnachmittag alles zur Zufriedenheit aufgeräumt und die zwei Helferinnen können nach HüttenAbschluss den nicht ungefährlichen Abstieg durch den *Klingergraben* und dann über die elegant geführte Forststraße antreten (auch eine anschließende Autofahrt in einen wohl bayrischen Heimatort wäre vorstellbar), während das junge Paar, ungerührt vom schnarrenden Fluglärm der nicht enden wollenden Sonntagsrundflüge über Salzburg, heiter auf dem Weg hinein ins Plateau weiterwandert, vermutlich einem gemeinsamen Biwak in einer windstillen Geländekuhle entgegen, zumal die frei vor der Hütte stehenden **vier Holzstangen mit Ösen** zum Einhängen der Hängematten ungenützt und windumtost in den Himmel ragend dastehen

da sind dem *Buchegger* damals die vier Kälber in den Graben hinuntergestürzt, darin weitergekollert und zu Tode gekommen: das könnte man bei der ersten Kurve des ungesicherten und schmieriggetretenen Steigs bergab und weiter unten erzählt bekommen, der *Klinger* hatte ja noch eine extra Almhütte oben, und ab diesem Zeitpunkt hat der *Buchegger* dann gar nicht mehr aufgetrieben, später wurden die Almrechte sowieso vom Baron abgelöst, und tief unten vorm stehengebliebenen Wald, als der Windwurf an den jetzt blank herunterleuchtenden Flanken noch nicht aufgearbeitet war, sei der Berichterstatter einmal im pfadfinderischen Aufstieg seitab auf drei junge Damen der Loretto-Gemeinschaft (aus Oberösterreich, wie sich herausgestellt hat) gestoßen, die zwar den Schlüssel für die Hütte dabeigehabt hatten, sich aber, aus dem Graben nach links (orografisch rechts) in die Felsen ausweichend, nicht mehr weiter getraut hätten und dann doch froh waren, dass ihnen überraschend ein kundiger Wegweiser gesandt worden war, der sie auf der ebenfalls gangbaren Route über den *Hundsrücken* hinauf zur neuen Hütte (aus Importholz wohl über Vorgängerbauten errichtet) geleitet hat (deren Ausstattung und BetRaum sie ihm dann bereitwillig gezeigt haben), geomantisch optimal gelegen auf einer vorgeschobenen PlateauSchulter dieses Bergmassivs, welches sich letztlich immer entzöge („der Untersberg entzieht sich") und das in seiner Gesamtheit nicht von Ungefähr zu einem Andockpunkt diverser endzeitlicher Erzählungen wie geschaffen erscheinen könnte und zu einem solchen also auch geworden sei

UntersbergReminiszenzen

i woas was i tua
i zreiß ma die Schuah
wann da Kaiser Karl kimbt
der flickt mas wieda zua
Valentin Pfeifenberger

beim Autobahndreieck Gois verursachen Bäume, die unter dem Schneedruck geknickt auf die Fahrbahn gestürzt sind, erhebliche Verkehrsbehinderungen, der zähfließende Verkehr im Bereich der ehemaligen Grenzabfertigungsstellen beginnt sich wieder aufzulösen, in Gegenrichtung auf der bayrischen Seite mehr als 30 km Stau, Empfehlung: weiträumig über die Bundesstraßen ausweichen | die wasser-

---

Rosen statt Birnen | Der Birnbaum gehört zu den Rosengewächsen – auch der Birnbaum auf dem Walserfeld. Gefällt und umgehackt, angeblich sogar kurz von den Amerikaner beschlagnahmt (Gerd Bacher), steht er immer noch – oder besser gesagt wieder – und erinnert an eine aufgeladene Historie herrschaftlicher Interessen. So kommt es, dass er zu einem Symbol vaterländischer Geschichte erhoben wurde. Die Auferstehung des heiligen römischen Reiches wird vom blühenden Birnbaum auf dem Walserfeld angekündigt, und nach einer blutigen Schlacht der Weltfrieden eingeleitet. Das berühmte Brixner Volksbuch aus dem Jahr 1782 mag eines der ersten schriftlichen Zeugnisse vom Birnbaum auf dem Walserfeld und der Weltenschlachtlegende liefern. Die Brüder Grimm haben diese Aufzeichnung in ihre Sagensammlung aufgenommen und so geholfen, die Legende in unsere Zeit zu tragen. Adelbert von Chamisso und ein gewisser Graf von Pocci haben sie, neben anderen Poeten, dankbar aufgenommen und zu Gedichten geformt und so die Sehnsucht der Wiedergeburt des heiligen römischen Reiches deutscher Nation weiter genährt.
Das Wort *Birne* kommt aus dem Vulgärlateinischen *pira,* die Germanen haben sowohl Wort als auch Pflanze bei den Römern kennengelernt und das Wort *entlehnt.* So kommt es, dass wir es immer noch benutzen. Zum Birnbaum hat der Volksglaube recht viel zu sagen: Der Birnbaum gilt als Zauberbrecher und Liebesorakel wie überhaupt als Symbol für das Weibliche.

Wallfahrt | Der heilige Josef und August Bebel: Ferdinand August Bebel, geboren am 22. Februar in der Nähe von Köln im Jahr 1840, sollte später einer der Mitbegründer der sozialdemokratischen Arbeiterbewegung Deutschlands werden. Der Sohn eines Unteroffiziers begann in jungen Jahren eine Drechslerlehre, die ihn während seiner Wanderjahre nach Salzburg führen sollte. Bebel schloss sich dort, obwohl evangelisch, dem katholischen Gesellenverein an. In seinen Lebenserinnerungen schreibt der Sozialist recht freundlich über die salzburgische Zeit, er schildert darin eine Männerwallfahrt, an der er teilgenommen hatte. Vor allem mehrheitlich mit anderen evangelischen Mitgliedern und dem Präses des Vereines, Dr. Schöpf, unternahm die Männergesellschaft am Josefstag, dem 19. März, eine Wallfahrt nach Maria Plain. Bebel schreibt: *Die Wallfahrt fand statt, wir Nichtkatholiken marschierten wohlgemut und vollzählig im Zug, hinter der Fahne, die der Altgeselle trug, auf der der heilige Josef mit dem Christkind auf dem Arme abgebildet war. In Maria Plain angekommen, besahen wir uns die überreich geschmückte Kirche. Dann ging es zum Trunk. Die Fässer wurden rasch geleert, gar mancher ging wankenden Schrittes nach Salzburg zurück. Der Zug war aufgelöst. Wie die Fahne mit dem heiligen Josef wieder nach Salzburg kam, weiß ich bis heute nicht. Dr. Schöpf, ich und ein Hannoveraner traten zusammen den Rückweg an. In der Stadt angekommen, führte er uns in ein Café, in dem wir eine Partie Billard spielten. Es war für mich die erste und letzte, die ich in meinem Leben spielte.*

gefüllten Schottergruben in unmittelbarer Nähe dieses jetzigen Knotens **Salzburg-Walserberg-Süd** sind noch vor dem Krieg durch Materialaushub für den Autobahnbau zustandegekommen und seit der Nachkriegszeit als Badeteiche beliebt (später zu einem einzigen Teich vereint), „fahren wir zum Weiher", wurde wie selbstverständlich vorgeschlagen, und schon sind die Fahrräder bestiegen, die Kinder in die geflochtenen Lenkradsitze gesetzt, die Jausen in die Proviantdosen und diese in die Badetaschen gesteckt, die Jugendlichen zuckeln auf ihren eigenen Fahrrädern hinterher oder fahren zwischen den Erwachsenen, man kann den Blick nicht vom zitternden hinteren Kotflügel des vorne fahrenden Onkel Bertl lösen, der hat gar noch eine Karbidlampe (wie das riecht!) vorne dran, oder zumindest die Halterung für eine solche | erst auf der Rückfahrt wird im Gasthof Jägerwirt mit offenem Gastgarten und freiem Blick zum „U-Berg" eingekehrt, man fuhr damals entweder die Straßenstrecke über Himmelreich (NDP-Zusammenkünfte Norbert Burgers im dortigen Gasthof, noch keine StraßenUntertunnelung, FlughafenRollfeld kürzer), durch Loig und Viehhausen bis zu den AutobahnWeihern, damals waren es noch zwei getrennte Becken

oder man radelte auf dem Schotterweg die Glan entlang vorbei an der Kendlersiedlung in die Waldstücke hinein, wo es nach Gerber oder Abdecker roch und die alten rumpelnden Betonplattenpisten nicht mehr den zu versteckenden Kampffliegern als Unterschlupf dienten, sondern als kostenloser Parcours für private Fahrkurse benutzt wurden, vorbei am Laschenskyhof, wo in den WaldBaracken die Kriegsheimkehrer abgerüstet worden waren, das heißt, dass sie wohl kurz darauf *housewife and baby* wiedergesehen haben („die deutsche Mutter und ihr erstes Kind") | heute weisen Straßennamen wie Hochthron- und Geiereckstraße in der Kendlersiedlung zu den nahen dohlenumzischten Bergspitzen hinauf („solange die schwarzen Vögel noch um die Gipfel kreisen"), als müssten sie vom Start- und Landedonnern der Flughafenpisten ablenken, während der Berg mit seinem Schatten nicht nur auf die sagenhafte eschatologische Walstatt zu seinen Füßen beim **Birnbaum** (als neues Bäumchen immer wieder nachgesetzt und als Kreisverkehr-Metallkunst hinter der Unterführung Richtung Wals für die Autoverkehrs-Ewigkeit positioniert) am Walserfeld herabzeigt („wenn dann der Kaiser mit seinen Heerscharen endlich hervortritt, Karl der Große oder Friedrich Barbarossa oder gar Karl V."), sondern auch den trivial endzeitlichen Kommunalfriedhof mit seiner FelsenSilhouette dominiert

düster schauen die Waldflanken der **Nordhänge** herunter (Vater hat von dort im Rucksack auf dem Fahrrad ein liegengebliebenes Hirschhaupt mitgebracht und es zum Schreck der Bewohner im Stiegenaufgang des Flederbachschlössls ins Fenster gestellt), während die tintenstrichdurchzogenen **Südwände** Richtung Schellenberg und Berchtesgaden in der Mittagssonne einen heiteren Eindruck zu vermitteln vermögen, düstere Vorstellungen verbinden sich mit dem Gedanken an den im Schloss Kleßheim zu diktierenden Frieden des „Tausendjährigen Reiches" über seine besiegten Kriegsgegner | der beängstigende Blick zum Obersalzberg (damals zwangsweise Absiedlung der dort ansässigen Bauern) würde erst bei verschobenem Fußpunkt akut | Ettenberg und Maria Gern auf der Sonnseite des Massivs dienten nachmals als sonntägliche AusflugsPilgerstätten für diejenigen Salzburgerinnen und Salzburger, die sich mit dem EngelsSturz ihrer Illusionen nicht abfinden und in unheiliger Andacht zum Kehlsteinhaus (oder zum versteckten sogenannten Teehaus) hinauf- und hinüberschauen wollten | ein halbes Jahrhundert später kann dann der ehemalige Zeppezauer-Hüttenwirt in seiner beliebten TV-HeimatMusikSendung nicht nur den Hubschrauberschatten über die beiden Hochthrone und die AV-Schutzhütte hinweggleiten lassen, sondern auch die 300 Jahre alte TraditionsWallfahrt etwa der bäuerlichen Bevölkerung auf diesen Almberg zu Füßen des Berchtesgadener Hochthrons erwähnen, bei der um Gesundheit für Mensch und Vieh und Anwesen gebetet wurde

von den in der Mehrzahl verfallenen Almen des Untersbergs selbst sind nicht viel mehr als die Namen übriggeblieben, das wären im Uhrzeigersinn: am Weißbach hinterm *Hangendenstein* zuerst die Kienbergalm,

---

TeehausMythos | Schutzhaus | Adlerhorst | FHQ (Abkürzung für Führerhauptquartier. Es gab mehrere im Zeitraum dieser Herrschaft – ihre Bedeutung wechselte mit dem Kriegsverlauf). Auf einem Felssporn wird 1938 ein Teehaus bzw. ein D-Haus (Diplomatenempfangsstube) errichtet, dort kann mit dem internationalen Besuch in Dirndl und Lederhose Tee getrunken, die Welt taxonomiert, verbrecherische Weltherrschaft ersonnen werden und dies alles mit einem zauberhaften panoramatischen Ausblick. Das eigentliche Teehaus liegt eine knappe Viertelstunde vom Berghof entfernt und ist das *MooslahnerTeehaus* (Holzhaus im Heimatstil). Die Idee dazu stammt von Martin Bormann.

---

dann Mitterkaser, Bachkaser, Karkaser, Sandkaser, Grubenkaser, Scheibenkaser, Reisenkaser, Zehnkaser, Vierkaser, die Klinger- und Schweigmühlalm, die Firmianalm am Reitsteig und die obere Mooswirtalm unterm *Geiereck* (beide völlig abgekommen), aus den vielen Kasern (vom romanischen casa: Haus) kommt kein Käse mehr herunter ins Tal | die Latschenfelder des nach Nordwesten abgedachten grobdreieckigen Hochplateaus galten infolge der aggressiven Niederschläge auf diesen Prallhang noch vor Jahren als schwer geschädigt, scheinen sich aber erholt zu haben, aus der *Oberen Rositten* leuchten herbstens gelbbraun die Borstgrashorste herunter, stets in der Blicklinie des dominierenden Schlosses Glanegg, über den Dopplersteig hinauf (mit ungewisser WegEinmündung von Grödig übers Grödiger Törl herauf und mit unmarkiertem Abstecher zur roten Kolowratshöhle) und über den Reitsteig mit seiner durchgehenden Holzstufenkonstruktion herunter, nicht umgekehrt: das könnte als traditionelle Sommertour gelten (dereinst etwa mit dem ehemaligen Mitschüler und Kammerjuristen Helmut Maurer begangen, der sich dann überraschend aus dem Leben verabschiedet hat), nur von fern hätte jemand auf die Idee kommen können, illegal Einreisesuchende über die hochgelegene grüne Grenze des Schellenberger Sattels vorbei an den Sichtschneisen aus den Diensthütten des Zolls in die ersehnte BRD zu führen (früher in Gegenrichtung Zigarettenschmuggel) | dann und wann wird der Bericht vom Wildererdrama aus den

---

Maria Plain | Wie so mancher bedeutende Wallfahrtsort hat auch Maria Plain eine Gründungslegende. Das noch heute viel besuchte Andachtsbild, das Eingang in die österreichische Briefmarkenserie fand, soll ursprünglich in einem *Müllershause zu Regen, einem Dorfe bei Regensburg, wo es bei einem Brande, der dieses Haus verheerte, unversehrt erhalten* gehangen und den Weg über Augsburg nach Salzburg genommen haben. Solche Legenden gehören sehr oft zur Geschichte von Wallfahrtsorten, nicht zuletzt, um das Mysterium des heiligen Ortes zu steigern und die Aura des Gnadenbildes zu erhöhen. In Zeiten der Gegenreformation und des Glaubenskampfes kam es durch Erzbischof Max Gandolf von Kuenburg zum Bau *einer schönen Kirche mit zwei Thürmen [...] deren Frontispice mit vier marmornen Standbildern der vier Evangelisten in Lebensgröße sammt ihren Attributen, und mit der marmornen Statue Mariä, das Jesuskind auf dem Arme haltend, und mit einer schimmernd vergoldeten Krone auf dem Haupte decorirt ist.* Max Gandolph soll das Gnadenbild, das kurzeitig abhanden kam und nur mehr als Kopie in Maria Plain war, von Augsburg zurückverlangt, es auch umgehend zugesprochen bekommen haben. So kam es wiederum nach Salzburg und blieb dort selbst lange Zeit zur Verehrung freigegeben. Der Nachfolger des Kardinal-Fürsterzbischofs, Fürsterzbischof Leopold Anton Graf von Firmian veranlasste eine festliche Prozession zur Überführung des Gnadenbildes nach Maria Plain. Unter *Kanonendonner und dem Geläute aller Glocken in der Stadt Salzburg und in den Umgebungen* verabschiedete man das Bild aus Salzburg, um es in Plain gegen die Kopie auszutauschen. Die Geschichte zur Frage nach dem Original beschäftigte die Katholiken. So kam es zur Schrift: *Kurze Geschichte des berühmten Wallfahrtsortes Maria Plain bei Salzburg, von Pater Bonifaz Aigner, Benedictiner zu St. Peter in Salzburg und Pönitentiär in Plain. Mit Genehmigung des fürst-erzbischöflichen Ordinariates. Salzburg, 1830*, in der Hoffnung, ein für allemal die wahre Geschichte zum Gnadenbild von Maria Plain erzählt zu haben.

Wilderei | Der Untersberg ist ob seiner vielen Klüfte, Schluchten und Höhlen ein idealer Raum für Wilderer. Der Volkskundler Rudolf Kriss aus Berchtesgaden berichtete von einem Mann, der in der heiligen Christnacht zum Wildern ging. Die Hirsche des Untersbergs hätten in dieser Nacht gar so fürchterlich *gekallt*, dass er gelobte, fortan nicht mehr zu wildern.

Dreißigerjahren („Kugeisimei" aus Großgmain überlebt Sturz von winterlicher Felswand und wird verpfiffen) in den Mayr-Melnhofschen Revieren über Wolfschwang wieder lebendig

von dort oben kann man, soweit das Auge reicht, nach Norden hinausschauen, wohl wissend, dass sich bis zur Nord- und Ostsee hin keine annähernd so hohe Erhebung mehr in den (Blick)Weg stellt | auf der Höhe Schweigmühlalm sollen gar schon Außerirdische gelandet sein, in den Runsen des Untersbergs hält sich einer Überlieferung nach der Antichrist in Gestalt eines Lindwurms verborgen, und er wartet nur darauf, mithilfe einer Jungfrau in diesen unwiderstehlich schönen Jüngling verwandelt zu werden, der dann die letzte Schreckens-Herrschaftsperiode vor dem Weltgericht einläutet, unten drinnen im Berg aber wächst zur selben Zeit der Kaiserbart siebenmal ums Tischbein, wie beim Gasthof Esterer in Fürstenbrunn im Garten (von Wolfgang Schwaiger) überlebensgroß in Marmor gehauen zu sehen, und die Szene ist draußen im Kiosk vor der Wallfahrtskirche Maria Plain als bewegliche Miniaturdarstellung (ehemals mittels Münzeinwurf) aufzurufen („drinnen im Berg soll er bleiben, damit die Welt nicht untergeht") | wer sonst noch aller in den kalten Gemächern des „entrischen" Berges haust, das kann man als Kind nur erahnen oder als Erwachsener in den Pegius'schen und Gitschnerschen Dokumenten des 16. Jahrhunderts nachlesen, aber auch bei Ernst Bloch und Ilse Aichinger[6] im 20. Jahrhundert erwähnt finden (zuerst hat es dem vom Berg zurückgekehrten Jäger Hulzögger die Rede verschlagen und in der Folge wird sogar der Herr Erzbischof verstummen), da heißt es jetzt schnell aus der unmittelbaren Nähe des gefährlich lastenden/kreißenden Berges sich entfernen, vielleicht in die nördliche Moränenlandschaft mit ihren EiszeitRest-Seen, von dort her sieht man dann zum charakteristischen Einschnitt der *Mittagsscharte* hinauf, einer Konturform mit BergUhrBezeichnung, die auch der Namenserklärung *UntarnBerg* (= Berg im Süden) Vorschub leistet

„das sollten Sie heute einmal versuchen", könnte jemand auszurufen sich veranlasst fühlen, wenn er bei Durchsicht alter Fotos mehrere Radfahrer nebeneinander auf dem damaligen AutobahnSackgassenstück von Grödig her fröhlich in Richtung Autobahnweiher fahren sieht, mit den schweren Rädern auf der Betonplattenfahrbahn dahintretend, wie sie dann allesamt an jener mächtigen Eiche im Fahrbahnenzwickel ungehindert von (nachmaligen) Leitschienen oder eventuellen Lärmschutzwänden mitten ins sommerlich duftende und vom Summen erfüllte MoorGelände hineinbiegen und sich auf den bekannt verschwiegenen heißen Lagerplätzen unweit der Autobahnweiher niederlassen

Endnoten

Walter Seitter

1 Sehen, was andere auch schon gesehen haben, schreiben, wozu auch andere schreiben – dieses quasi-kollegiale Vorgehen habe ich einmal als „tychanalytisch" (von *tyché* = Zufall, Zustoß) bezeichnet; siehe Walter Seitter: *Multiple Existenzen: El Greco, Kaiserin Elisabeth, Pierre Klossowski* (Wien 2003): 7ff.
2 Wolfgang Denk: *Von der Schwerkraft der Berge*, in: St. Kunz, B. Wismer, W. Denk (Hg.): *Die Schwerkraft der Berge 1774–1997* (Basel – Frankfurt 1997): 17.
3 Zur Erde im Doppelsinn von planetarischem Großkörper und hart-weichem Stoff siehe Walter Seitter: *Physik der Medien. Materialien, Apparate, Präsentationen* (Weimar 2002): 97ff.
4 Wolfgang Denk: loc. cit.
5 Siehe *Zeller's Führer durch die Berchtesgadener Alpen* (München 1911).
6 Siehe dazu Christian Uhlir und Peter Danner: *Untersberger Marmor. Entstehung – Abbau – Verwendung – Geschichte* (Norderstedt 2006): 2ff.
7 Siehe Christian Uhlir und Peter Danner: op. cit.: 4ff.
8 Ida Gräfin von Hahn-Hahn (1805–1880) war Dichterin, konvertierte zum Katholizismus und gründete ein Kloster.
9 Zur Geschichte der Erforschung der Untersberg-Höhlen siehe Guido Müller: *Der Untersberg bei Salzburg 1796–1870: Zwischen sagenhaft und massenhaft* (Salzburg 2004): 15ff.
10 Siehe dazu Gabriele Seitz: *Wo Europa den Himmel berührt. Die Entdeckung der Alpen* (München – Zürich 1987); Jon Mathieu: *Die dritte Dimension. Eine vergleichende Geschichte der Berge in der Neuzeit* (Basel 2001); Aurel Schmidt: *Die Alpen. Eine Mentalitätsgeschichte* (Frauenfeld 2011); E. Oehring (Hg.): *Alpen. Sehnsuchtsort & Bühne* (Salzburg 2011).
11 Siehe Christian Uhlir und Peter Danner: op. cit.: 36ff.
12 Siehe Guido Müller: op. cit.: 8f.
13 Siehe Johannes Lang: *Geschichte von Bad Reichenhall* (Neustadt 2009): 31ff. Dieses Werk ist eine Parallelgeschichte zu einer möglichen „Geschichte des Untersbergs".
14 Siehe Johannes Lang: op. cit.: 48.
15 Siehe Johannes Lang: op. cit.: 51ff.; Barry Cunliffe: *Facing the Ocean. The Atlantic and its peoples* (Oxford 2001)
16 Siehe Johannes Lang: op. cit.: 55ff.
17 Siehe Johannes Lang: op. cit.: 66ff.; H. Dannheimer, H. Dopsch (Hg.): *Die Bajuwaren. Von Severin bis Tassilo 488–788* (München – Salzburg 1988).
18 Siehe Johannes Lang: op. cit.: 76ff.
19 Siehe Johannes Lang: op. cit.: 89ff.; Heinz Dopsch stellt die These auf, der Erzbischof habe in den Jahren von 802 bis 807 Baiern als „Vizekönig" geleitet; siehe Heinz Dopsch: *Kleine Geschichte Salzburgs: Stadt und Land* (Salzburg 2001): 38.
20 Siehe Johannes Lang: op. cit.: 93f.
21 Siehe Johannes Lang: *Reichenhaller Burgenweg* (Bad Reichenhall 2004): 20f., 30f. Die Hallgrafen walteten im 11. und 12. Jahrhundert in der später herzoglichen Burg Gruttenstein ihres Amtes.
22 Siehe *900 Jahre Berchtesgaden* (Berchtesgaden 2002): 25ff.
23 Siehe Johannes Lang: op. cit.: 106ff.
24 Siehe Johannes Lang: op. cit.: 118ff.
25 Siehe Johannes Lang: op. cit.: 130ff.
26 Abbildung in Johannes Lang: op. cit.: 131.
27 Siehe Johannes Lang: op. cit.: 147ff.
28 In Rengerberg (bei Vigaun) sagten die Bauern noch in der Nachkriegszeit, sie gehen (!)„ins Hallerl". Der

Name „Hall“ oder „Reichenhall“ wurde mit dem weiblichen Artikel „die“ versehen, ebenso wie „die Gmain“.

29 Siehe Johannes Lang: op. cit.: 158ff.

30 Siehe Johannes Lang: op. cit.: 167ff.

31 Siehe Johannes Lang: op. cit.: 195ff.

32 Siehe Johannes Lang: op. cit.: 296ff.

33 Siehe Johannes Lang: op. cit.: 376ff.; *900 Jahre Berchtesgaden* (Berchtesgaden 2002): 37.

34 Siehe I. Melcher (Hg.): *Geschichte in Bewegung* (Berchtesgaden 2003): 45ff.

35 Johannes Lang: op. cit.: 512f.

36 Siehe Johannes Lang: op. cit.: 620.

37 Siehe I. Melcher (Hg.): op. cit.: 63ff; *900 Jahre Berchtesgaden* (Berchtesgaden 2002): 80f.

38 Siehe Albert Speer: *Erinnerungen* (Frankfurt – Berlin 1969): 100f., 177.

39 Einen Überblick über die Untersberg-Sagen gibt das von Christian F. Uhlir herausgegebene Buch *Im Schatten des Untersberges. Von Kaisern, Zwergen, Riesen und Wildfrauen* (Norderstedt 2004); der Internet-Blog sagen.at verzeichnet über 60 unterscheidbare Sagen, die an Untersberg und Walserfeld gebunden sind.

40 U. Kammerhofer-Aggermann (Hg.): *Sagenhafter Untersberg. Die Untersbergsage in Entwicklung und Rezeption* (Salzburg 1991): 81.

41 Dr. Martin Pegius und die Königin von Saba, in: Christian F. Uhlir: op. cit: 83.

42 Siehe Peter Dinzelbacher: *Vision und Visionsliteratur im Mittelalter* (Stuttgart 1981): 65ff.

43 Zit. in U. Kammerhofer-Aggermann (Hg.): op. cit.: 81f.

44 U. Kammerhofer-Aggermann (Hg.): op. cit.: 99.

45 Siehe U. Kammerhofer-Aggermann (Hg.): 98ff.

46 So in den Evangelien von Matthäus und Lukas und in der Geheimen Offenbarung; siehe Johannes Lang: op. cit.: 321ff.

47 Michel Foucault: *Vom Licht des Krieges zur Geburt der Geschichte* (Berlin 1986): 20f. Mit dieser Textpassage reiht sich Foucault indirekt in die Serie der Untersberg-Autoren ein, die wie Lazarus oder Maßmann oder Speer selber zur Untersberg-Realität gehören. Ich habe ihn mehrmals persönlich getroffen (zwischen 1969 und 1982).

48 Siehe *900 Jahre Berchtesgaden* (Berchtesgaden 2002): 33; Johannes Lang: op. cit.: 367ff.; Heinz Dopsch: op. cit.: 109.

49 Siehe Hannes Möhring: *Der Weltkaiser der Endzeit. Entstehung, Wandel und Wirkung einer tausendjährigen Weissagung* (Stuttgart 200): 11f. Die Erwartung einer Kaiser-Wiederkunft ist ein gesamtchristliches (und gesamt-römisches) Phänomen; daher gibt es eine entsprechende Weissagung auch für den letzten ost-römischen Kaiser Konstantin XI. Paläologos (1404–1453), der 1453 bei der osmanischen Eroberung von Konstantinopel gefallen ist; siehe Erwin Roth: *Preußens Gloria im Heiligen Land. Die Deutschen und Jerusalem* (München 1973): 226; eine Version spricht davon, dass ein Regenbogen über der Burg von Mistra als Vorzeichen für seine Wiederkunft gedeutet werden kann; ich habe persönlich am 1. Oktober 2008 in der Früh dort so einen Regenbogen gesehen.

50 Dazu siehe Meinhard Rauchensteiner, Walter Seitter (Hrsg.): *Tumult. Schriften zur Verkehrswissenschaft 25: Katechonten. Den Untergang aufhalten* (2001).

51 Siehe Peter Dinzelbacher: op. cit.: 94ff.

52 *Sagen der Vorzeit, oder ausführliche Beschreibung von dem berühmten Salzburgischen Untersberg oder Wunderberg* (Brixen 1782): 23.

53 *Bayerische Sagen mitgetheilt und geschichtlich beleuchtet von H. F. Massmann* (München 1831): 43.

54 *Bayerische Sagen* ... (München 1831): 43f.

55 Siehe *Bayerische Sagen* ... (München 1831): 39ff.

56 Siehe Ludwig Volkmann: *Bilderschriften der Renaissance, Hieroglyphik und Emblematik in ihren Beziehungen und Fortwirkungen* (Leipzig 1923): 70. Am 9. April 2012 führte mich die Burgherrin, Frau Brigitta Riegler, zur Inschrift. Im direkten Augenschein macht diese – trotz der Eleganz der einzelnen Buchstaben – einen noch zerstörteren, ja unlesbareren Eindruck als vermutet. Sie scheint ursprünglich noch umfangreicher gewesen zu sein und möglicherweise überdeckt sie eine spätgotische Malerei (vielleicht mit Weintrauben).

57 Die schwierige Entzifferung der schadhaften Wandschrift geht auf Paul Rauscher zurück, der in den *Heimatblättern* (Beilage zum *Reichenhaller Tagblatt*) 2007/6 darüber berichtet hat: Das Ypsilon des Pythagoras; Abbildung, Transkription und Übersetzung auch in Johannes Lang: op. cit.: 327ff.

58 Siehe Robert Hoffmann: Die Romantiker „entdecken“ Salzburg, in: H. Haas, R. Hoffmann, K. Luger (Hg.): *Weltbühne und Naturkulisse. Zwei Jahrhunderte Salzburg-Tourismus* (Salzburg 1994): 16ff., ders.: Frühe Attraktionen, in: op. cit.: 22ff.; Hanns Haas: Die Eroberung der Berge, in: op. cit.: 29ff.

59 Siehe Heinrich Schwarz: *Salzburg und das Salzkammergut. Eine künstlerische Entdeckung in hundert Bildern des XIX. Jahrhunderts* (Wien 1926); Guido Müller: op. cit.:35f.

60 Siehe Jim Dine: *Me and Zein – Zein und Ich. Etchings and Woodcuts – Radierungen und Holzschnitte 1987–1996* (Salzburg 1997).

61 Siehe Jim Dine: *UNTERSBERG 1993–1994* (Salzburg 1994).

62 Wir werden sehen, dass erst eine kräftige „Rekatholisierung“ der Untersbergsage im 20. Jahrhundert die Einführung der imperialen Aufhalter-Funktion und die Absage an die Wiederkehr eines früheren Kaisers möglich machen wird.

63 Siehe *Sagen der Vorzeit , oder ausführliche Beschreibung von dem berühmten Salzburgischen Untersberg oder Wunderberg* (Brixen 1782): 21.

64 Siehe Michael P. Steinberg: *Ursprung und Ideologie der Salzburger Festspiele 1890–1938* (Salzburg 2000): 47ff.
65 Sowohl die Barock-Tradition wie auch eine gesuchte Nähe zum Untersberg vereinigten sich in Hans Poelzigs (1869–1936) „expressionistischen" Entwürfen für ein Salzburger Festspielhaus, die nur zur Grundsteinlegung im Jahr 1922 (in Hellbrunn) gediehen.
66 Unter den antisemitischen Blättern auch *Der Kyffhäuser;* siehe Michael P. Steinberg: op. cit.: 163.
67 Siehe Valentin Pfeifenberger: op. cit.: IV; siehe Rudolf Graber: *Kaiser Karl von Österreich und die Zukunft Europas* (Altenstadt 1961).
68 Siehe Valentin Pfeifenberger: op. cit.: V.
69 Siehe Valentin Pfeifenberger: op. cit.: IX; Michael P. Steinberg: op. cit.: 72, 200.
70 Siehe Valentin Pfeifenberger: op. cit.: XI. Der „Hanswurst" gilt als Zentralgestalt des Wiener Volkstheaters und insofern „austrifiziert" Pfeifenberger mit ihm seine Erneuerung der Untersbergsage. Die Schauspieler Joseph Anton Stranitzky (1676–1726) und Gottfried Prehauser (1699–1769) gelten als Begründer dieser Figur – die sie als „Salzburger Hanswurst" ausgeben, der entweder von den „Sauschneidern" oder von den „Krautschneidern" herkommt; die „Sauschneider" stammten – wie Valentin Pfeifenberger selbst – aus Zederhaus im Lungau, während die „Krautschneider" eher der Walser Gegend am Untersberg zuzuordnen sind; siehe Walter Zitzenbacher: *Hanswurst und die Feenwelt. Von Stranitzky bis Raimund* (Graz – Wien – Köln 1965): 13ff.
71 Siehe Valentin Pfeifenberger: op. cit.: XIV.
72 Siehe Valentin Pfeifenberger: op. cit.: XV.
73 Siehe Valentin Pfeifenberger: op. cit.: 1ff.
74 Siehe Valentin Pfeifenberger: op. cit.: 14ff.
75 Valentin Pfeifenberger: op. cit.: 18f. Den Hinweis auf diese Wahrnehmung verdanke ich meinem Neffen Herbert Müller (Siezenheim); siehe Valentin Pfeifenberger: op. cit.: 70f.
76 Siehe Valentin Pfeifenberger: op. cit.: 21ff.
77 Siehe Valentin Pfeifenberger: op. cit.: 26f.
78 Siehe Valentin Pfeifenberger: op. cit.: 28ff.
79 Siehe Valentin Pfeifenberger: op. cit.: 31ff.
80 Siehe Valentin Pfeifenberger: op. cit.: 36f.
81 Siehe Valentin Pfeifenberger: op. cit.: 41.
82 Siehe Valentin Pfeifenberger: op. cit.: 42ff.
83 Siehe Valentin Pfeifenberger: op. cit.: 50ff.
84 Siehe Valentin Pfeifenberger: op. cit.: 61ff.
85 Siehe Valentin Pfeifenberger: op. cit.: 65ff.
86 Siehe Valentin Pfeifenberger: op. cit.: 73ff.
87 Siehe Valentin Pfeifenberger: op. cit.: 80ff.
88 Siehe Valentin Pfeifenberger: op. cit.: 83ff.
89 „Maranatha" ist ein hebräischer Ausruf und bedeutet „Unser Herr, komm!" (1. Kor. 16,22).
90 Siehe Valentin Pfeifenberger: op. cit.: 87ff.
91 Siehe Valentin Pfeifenberger: op. cit.: 93ff.
92 Siehe auch vom Verf.: Eine Sage und eine Absage. Der Kaiser im Untersberg und der Hanswurst aus Zederhaus. In: *Die Presse* (28. 12. 1985); Zu einer Sage etwas sagen. Ein unmögliches Theater mit Kaiser Karl dem Großen. In: G. Schmid (Hg.): *Die Zeichen der Historie. Beiträge zu einer semiologischen Geschichtswissenschaft* (Wien – Köln 1986); Katechontiken im 20. Jahrhundert nach Christus. In: M. Rauchensteiner und W. Seitter (Hg.): *Tumult Schriften zur Verkehrswissenschaft 25: Katechonten. Den Untergang aufhalten* (2001).
93 Pfeifenberger erwähnt auch schon das Vorrücken Chinas: op. cit.: 82.
94 Zum wiederholten Auftauchen des „Hemmschuhs" bei Peter Handke siehe Walter Seitter: Katechontiken im 20. Jahrhundert nach Christus. In: M. Rauchensteiner und W. Seitter (Hg.): op. cit.: 119ff.
95 Siehe Michael P. Steinberg: op. cit.: 84f.
96 Siehe Hugo Ball: *Byzantinisches Christentum. Drei Heiligenleben* (Berlin 1923, Göttingen 2011).
97 Die Begegnungen mit ihm gehören zu den wichtigen in meinem Leben.

Bodo Hell

1 Robin und Rupert Sommerauer, +49 8652 7233 stoehrhaus@me.com
2 Siehe zu dieser Inschrift das Kapitel Sagengeschichte von Walter Seitter
3 Weiterführende Literatur: Albin Kühnel, Johannes Lang: *Halt Zoll, Der Schmuggel zwischen Salzburg und Bayern 1946–1954,* Bad Reichenhall 2010; Henner Kotte, Christian Lunzer: *Wilderer, Wahre Kriminalgeschichten aus dem Wald,* Wien 2005; Rollinek/Lehner/Strasser: *Im Schatten der Mozartkugel, Reise durch die braune Topographie von Salzburg,* Wien 2009; Rainer Limpöck, *Mythos Untersberg,* Wien Graz Klagenfurt: Pichler/styria 2011
4 Siehe auch die Wilderergeschichte des Kugeisimei aus den 30er-Jahren.
5 Mitbegründet von Georg Mayr-Melnhof, www.loretto.at.
6 Ilse Aichinger, *Ins Land Salzburg ziehen,* in: *Kleist, Moos, Fasane,* Prosasammlung, Frankfurt/Main: S. Fischer 1987

Dank/Autorenbiografien

Dank an

Franz H. (Hinterreith), Gerhard Plasser (Leiter der Bibliothek des Salzburg Museums), Peter Schneeberger, Monika Maier (Bibliothek des Salzburg Museums), Ernestine Huber (Volkskundliche Sammlung des Salzburg Museums), Herbert J. Schmatzberger (Großgmain), Johannes Lang (Leiter des Stadtarchivs Bad Reichenhall), Andrea Niessner (Salzburg), Wolfgang Niessner (Großgmain), Christian Schmuck (ÖAV-Salzburg), Fritz Mosshammer und Andrea Hohenegger (Puch bei Hallein), Josef und Mirjam Wendl (Grödig Eichet), Brigitte Flucher (Lamprechtshausen), Christa Gürtler (Leselampe und SALZ), Ines Höllwarth (Thumegger Bezirk), Susanna Heilmayr (Wien), Christian Lunzer (Wien), Helmut Maurer (†), Antonie und Ernst Hell (††), Herbert Müller (Siezenheim), Herbert Müller (Wals),Paul Rauscher (Piding), Christian F. Uhlir (Salzburg)

Bodo Hell, 1943, Salzburg/Wien/Dachstein, Prosa, Radio, Theater, Schrift im öffentlichen Raum, Essays zur bildenden Kunst, Musik, Almwirtschaft, Bücher u.a.: Nothelfer 2010, Immergrün Sudarium/Calendarium (mit Linda Wolfsgruber) 2011, www.bodohell.at

Elsbeth Wallnöfer, geboren 1963 in Südtirol. Studium in Wien und Graz. Volkskundlerin, Philosophin, Autorin, Filmerin. Beschäftigt sich mit Volksreligion, Volksmedizin, Tracht, Bräuche, Fotografie, Architektur, Wissenschaftsgeschichte.

Walter Seitter, geboren 1941 in St. Johann in Engstetten. Studium u. a. in München und Paris. Philosoph in Wien. Seminare zu Aristoteles von Stageira und Pierre Klossowski. Publikationen zu Politik, Physik, Ästhetik. Aktuell: Reaktionäre Romanik. Stilwandel und Geopolitik.

Peter M. Kubelka, geboren 1963 in Wien. Studium an der TU Wien. Graphische Bundes-Lehr- und Versuchsanstalt Wien (Fotografie). Werbefotografie (Food-Fotografie), Polaroid und Kulturfotografie. Fotograf der Fürstlichen Sammlung Liechtenstein in Wien.